神龙别种

中国马的美学传统

《紫禁城》杂志编辑部／编

故宫出版社

人类社会发展至今，多亏有马相伴。

同是大自然造物，马从最初被人驯化，进而共同生活，
建立起持久的伴侣之谊。美人与骏马是古代英雄的“标配”；
文人仕宦闻达之际，“春风得意马蹄疾”，困顿之时，
也有“古道西风瘦马”点缀；即使尚未开蒙的稚童，
也爱竹马游戏。征战时厉兵秣马，和平时放马南山。
耕作、射猎、邮驿、运输……
在绵延千年的人类生存模式中，
马一直在场。

通于天地，融自我于万物，一己之心与造化同流。
这一思维理路贯通于传统中国人的精神世界。
与马亲厚，情之所终，便常归于审美的表达：
有画卷描绘勾勒，有雕塑嵌铸镂刻、有法书可临，
有诗文可诵……还有古老的相马之法流传至今，
马术、赛马也成为体育项目、时尚风潮。

其实，无论哪种方式，谈论马、赏鉴马，
总脱不了“以我观物”。而马的魅力，马的性情，
有些已被表述，有的尚属未知。不如抛开既有结论，
带着纯然的兴趣品味——它们的可观之处真切又神秘，
层次丰富，意境开阔。

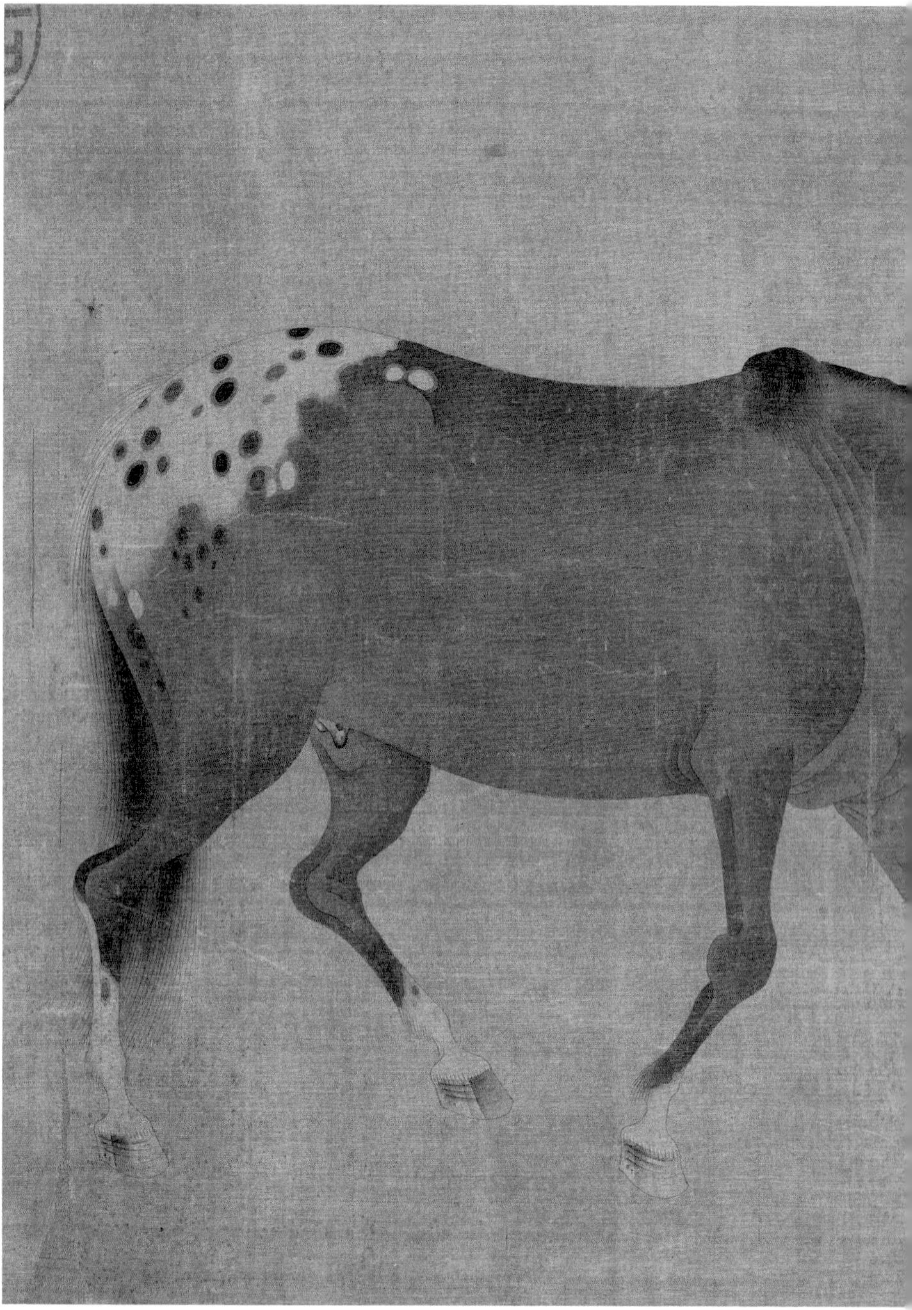

元　任仁发　出圉图卷（局部）

故宫博物院藏

绢本设色　纵 34.2 厘米　横 201.9 厘米

是图画圉官引骏马出厩，画风柔丽精细，效唐人笔法和用色，圉人亦一身唐装。

墓道西壁　马毬图（局部）　唐　章怀太子墓壁画

陕西历史博物馆藏

表现骑手持仗驱马奔突击球的激烈场面。

唐　章怀太子墓壁画

墓道东壁　狩猎出行图（局部）

陕西历史博物馆藏

鞍马人物束腰配箭，装备齐全地奔驰于山道中，气态昂然。

元 赵雍 挟弹游骑图轴

故宫博物院藏

纸本设色 纵 109 厘米 横 46.3 厘米

目录

汉武帝茂陵出土鎏金铜马

茂陵博物馆藏

四肢直立，头小颈长，马尾结成一束，根部翘起，胸肌发达，双耳挺立如竹批。整体造型修长俊逸，汉代骏马的范型，由是可观。

汗血骏骨

古拙、工细、雄健、野逸……
不同的时代序列中，
丰富多样的骏马形象纷至。
旷千载而一遇，
其观看之道是否也有万古标程？

所谓「欲求千里脚，先采眼中光」，
一匹好马的丰神俊朗，
往往是其非凡特质的直观体现。
汉代良骥的形神之中，
是否也有睥睨后世的大汉气象？

墨拓武梁祠画像石中的汉马形象

故宫博物院藏

清乾隆拓本

汉代的骏马

赵　超

马是中国古代最为重要的家畜之一。拥有马匹的数量与质量曾经是国力、军力的标志，也是个人财富的象征。在几千年的封建社会中，马匹的重要性丝毫不亚于今日的飞机、汽车工业。古代文学作品中多有形容、赞颂骏马的词句。例如《汉书·礼乐志》中《天马歌》起首几句："太一况，天马下。沾赤汗，沫流赭。"就是歌颂当时出自西域的天马。意思是：太一天神赐予的天马降下来了。它身上沾湿了红色的汗水，嘴里吐着赭红色口沫。《西京杂记》载汉文帝"有良马九匹，皆天下之骏马也。一名浮云，一名赤电，一名绝群，一名逸骠，一名紫燕骝，一名绿螭骢，一名龙子，一名麟驹，一名绝尘。号为九逸"。从这些名字就可一窥时人对骏马是多么珍爱、欣赏，故而将其比喻成闪电流云、飞燕翔龙。

良马的范本

因为对马的喜爱与需求，中国古代很早就具备了完善的马匹驯养技术，形成了专门选择良驹的相马技艺，其成就反映在多种《相马经》里。这些相马书展示了古代人们对于良马外貌的精确记录与鉴别马匹的丰富经验，在保存至今的古籍中还可以见到。如北朝农牧业技术著作《齐民要术》里收录的《相马经》指出：

马：头为王，欲得方。目为丞相，欲得光。脊为将军，欲得强。腹胁为城郭，欲得张。四下为令，欲得长。眼欲得高巨……鼻孔欲得大……口中色欲得红白如火光……膝骨欲得圆而张。耳欲得相近而前竖，小而厚。……颈欲得䯊而长。蹄欲得厚而大。腹下欲平有八字。

这就总结了一匹良马的生理特征。马头要呈方形，表示头廓骨骼端正、肌肉结实；马眼睛要明亮有神，表现精力旺盛；马背脊要强壮有力，才可以承担重负；马腹部要肥大扩张，说明内脏完善；马腿要长，便于奔跑驰骋。具体细节，又如眼和鼻孔要大，口腔中颜色红亮，膝盖骨外观圆整，耳朵之间的距离短小，耳朵厚硬，脖颈细长，马蹄厚大，下腹平整有八字纹等等，都是多年观察后总结所得。

最可贵的，是考古发现中的古代《相马经》实物。湖南长沙马王堆三号汉墓中出土的大量帛书，是当代考古学发现中的重要成果。发掘时，考古工作者发现帛书被安放在椁室东边箱中的漆匣内。它们应是墓主生前阅读、使用的书籍，后来成为殉葬品。帛书出土后，经过整理已复原归纳出数十种古籍和地图，《相马经》就是其中一种。它书写在一件高 48 厘米的丝帛上，字迹工整，全文共 77 行，大约 5200 字，记录了选择优良马匹的方法。但是，它的文字内容与传世的《相马经》有很大不同，文中主要叙述马的头部、眉骨、眼睛等部位的特点，其次是四肢的大致相法，可能尚不属于一部完全的相马经。有学者认为帛书《相马经》系战国楚人所作，那么，距今就有 2200 年以上的历史。这一《相马经》的出土，使我们见到了一种长期失传的畜牧著作，也证明了我国相马的悠久历史。

通过《相马经》，我们可以比较清楚地了解汉代人心目中的良马形象。值得注意的是，汉人们对于良马已有了相当统一的标准，这通过文物图像可以生动地反映出来。

从二十世纪初开始，各地的科学考古发掘中已清理了数以千计的汉代墓葬与陪葬坑，陕西汉阳陵陪葬坑、江苏徐州汉楚王陵陪葬坑等都有大量陶马俑出土。汉代画像石、画像砖和其他器物上，也有很多马的形象。令人惊奇的是，这些马造型都非常相似，仿佛由同一个底本描绘而出，这大概就是汉代人心目中上等骏马的样子——身材壮硕，胸部宽阔，脊背平坦而厚实，脖颈修长柔软，眼目突出，鼻孔张大，耳朵小而挺直，后臀肥大有力，四肢修长，马蹄又厚又大。这些均与上述《相马经》记载的良驹标准十分相似。1980 年，广西贵县风流岭的一座汉墓中出土了一件高达 115.5 厘米的大型青铜马。它由头、耳、身躯、四肢与尾部等多个部分组合而成。虽然远在边地，却依然不离习见的汉马造型，说明了汉

西汉　骑兵俑群

咸阳博物馆藏
灰陶彩绘　俑通高约 68 厘米
陕西咸阳杨家湾汉墓丛葬坑出土

代文化传播的普遍性与统一性。体格强壮、精神饱满、动态十足的优良种马形象，也展现了当时发达的青铜铸造技术。

20世纪70年代，在甘肃武威的雷台村发掘了一个大型墓葬。墓葬刚发现时，由于出土器物带有明显的东汉晚期特征，所以被归于东汉时期。后来，何双全等学者论证了其为西晋墓葬。然而，墓中主要的出土品依然延续着汉代风格，可以表现汉人的文化传统。墓葬出土了一整套青铜铸造的雄壮车马队伍，其中包括多辆不同的马车和护卫的骑兵军队。此外，特别引人注意的是还有一匹单独的青铜奔马。它四蹄飞扬，鼻孔大张，尾巴高高飘起，正在急速奔驰。奔马右前蹄下还踏着一只飞翔的鸟，似乎它在天空中与飞鸟并行，甚至奔跑的速度超越了飞鸟。这件艺术品刚一出土就以它独特优美的造型震惊了世界，被称作“马踏飞燕”。这个名称后来有人提出异议，因为，飞鸟尾部并不分叉，肯定不是燕子。有人认为它是乌鸦，代表太阳，以表现这匹马是天马。也有人说铜马的鼻孔、嘴唇和眼睛都涂有朱红色，可能意指“汗血宝马”。后来，又有学者认为这件铜马是当时人们相马用的标准模型，古人称之为“马式”或“马法”。

“马式”的起源很早。至少东汉时就有了制作“马式”的史实记载。唐代人康骈的《剧谈录》中称：

马援好骑，善别名马，于交趾得骆越铜鼓，乃铸为马式。表曰：臣尝师事子阿，受相马骨法。善相马者东门京铸作铜马法献之。有诏立马于鲁班门外。则更名鲁班门曰金马门。臣谨依仪氏羁中，帛氏口齿，谢氏唇鬐，丁氏身中。借此数家骨相以为法。

东汉名将马援喜欢骑马，也善于识别良马。他曾经在交趾获得很多当地人使用的铜鼓，用它们铸造“马式”，并且给皇帝上表，说自己的“马式”采用了当时流传的几家相马法综合而成。这样的铜马曾经被皇帝下诏树立在长安城未央宫宦者署的鲁班门外，并将鲁班门改名为“金马门”。

如果此说成立，那么，当时一定有很多仿照铜马制作的马式流传，供人相马及制作艺术品时使用，汉代各种艺术品上所画的马都十分相像也就不足为奇了。那是由于画工和雕塑工匠们都在按照同样的马式模本在制作马的造型艺术品，怎么能不一致呢？

良马的养成

由于马匹品种的不同，古代人在驯养马匹的过程中进行了长期育种选择，繁育出多种良马。随着马匹品种的进化、发展，不同历史时期的人们对于骏马的标准也有所变化。

通过现在存世的文物就能发现，战国时期，马的造型就不同于汉代文物中的马。战国马显得粗短肥壮，形体也小一些。而汉代文物中的马则多为身体修长俊逸，胸宽臀肥的“高头大马”。比较典型又生动具体的秦代马匹形象，有秦始皇陵陪葬坑中出土的战马陶俑与铜驭车马。它们制作逼真，可以说与真实的马匹丝毫不差。有学者判断，这些马属于甘肃、青海一带出产的“河曲马”，其特点是个子小，四肢粗壮，颈短臀圆，胸宽背阔。这种马力气大、耐力

汉 镂空双马牌饰
故宫博物院藏

汉　马形牌饰
故宫博物院藏

汉　虎噬马牌饰
故宫博物院藏

强，但是奔跑速度较低，属于蒙古马系列的品种。由于自然条件的限制，中原地区不适于驯养马匹，尤其是不能驯养出优良战马。所以，自古以来，朝廷饲养繁殖马匹的马监都设立在今陕西北部、甘肃、宁夏一带的草原地区。《汉旧仪》称："太仆牧师诸苑三十六所，分布北边西边，以郎为苑监，官奴婢三万人，分养马三十万头。"这一带传统的马种如上所述，仍是蒙古马的品种。而要获取身材高大、奔跑迅速的良种马，就要向西域乃至中亚地区寻找。这些地区历史上就一直拥有优良种马，近代学者多认为这里是最早驯化与饲养马匹的地区。

为了改良马种，汉武帝首先派使者与居住在今新疆伊犁河流域的乌孙部谈判和亲结盟，得到乌孙人驯养的良马，并且把它叫做"天马"。张骞出使西域归来后，报告大宛地区（即今哈萨克斯坦的费尔干纳地区）有一种汉血宝马，引起了汉武帝的极大兴趣。他先派遣使者，带着千两黄金和黄金打造的金马去大宛换取好马。但是大宛国王认为大宛与汉朝领土相隔遥远，汉朝大军到不了大宛，加上汉朝使节狂妄无礼，引起当地人反感，于是拒绝提供良马，还杀死汉使并夺其财物。汉武帝闻之震怒，命大将李广利率数万人马攻打大宛。但由于西域各小国都不供给汉军粮食，大宛又坚守城池，难以攻克，汉军第一次出征大败，数万大军中仅有十分之一、二的士兵活着回到敦煌。汉武帝并不甘休，再次调给李广利六万士兵，还有十八万人的军队用于转运粮草和后方保卫，令他继续攻打。这次出兵包围大宛城，有了后勤供应，持续攻城四十多天。大宛居民实在坚持不下去，就杀死国王，以国王头颅出城投降，声称如果汉军保全国人生命，就许其任意拣取好马，否则宁可将所有马匹杀光。这样，汉军便与大宛订立了盟约，选取了良马几十匹，中等以下的马匹三千多匹，班师回朝。

汉军这场劳民伤财的战争，前后出征的十余万士兵，最后只剩下一万多人，带回的马匹只剩下一千多匹。班超在《汉书 · 张骞传》中指出，战死的士兵并不多，大量战士都被贪腐暴虐的将领们虐待，克扣粮草，冻饿而死。如此惨痛的牺牲，仅仅换回上千匹马。汉武帝为了改良马匹付出的代价实在太大了。不过，中亚良马的引入，也确实改善了汉朝繁殖的马匹品种。

1981 年，在陕西咸阳市兴平县汉武帝茂陵的从葬坑中发现一件十分华美的鎏金铜马。它身长 76 厘米，高 62 厘米。匀称修长的四肢直立；头小颈长，自然平伸；马尾结成一束，根部翘起；胸肌发达；双耳挺立如竹批。与秦始皇陵出土的铜马相比，它的造型显得修长俊逸，没有那么粗壮。可见汉代对马的鉴赏观与秦代已经有了区别。有人说这就是以汉武帝获得的西域大宛汉血马为原型制作的。也有人说它可能就是汉朝的“马式”，类似汉武帝在长安城鲁班门树立的金马。由于同出的青铜器上刻有“阳信家”的铭文，这些出土文物的原主人可能是汉武帝的姐姐阳信长公主，即平阳公主。按照《汉书》中的记载，阳信长公主先嫁给平阳侯曹寿，后嫁大将军卫青。而卫青死于元封五年（公元前 106 年），死后“与主合葬，起冢象庐山云”。这样，阳信长公主应该也是在元封五年前去世。他们在世时，还没有出征西域，获得汗血宝马，那是太初元年（公元前 104 年）以后的事情。所以这件鎏金铜马不可能是反映西域大宛马的原型，更可能是在表现汉代人对于西域良马的一种向往，代表了汉代人心目中的新马种形象。

良马的神化

除去这些形象逼真，具有一定实用价值的马式和车马俑之外，汉代还有一种将马匹神化，令其长出羽翼的造型。例如陕西西安灞桥出土的一件汉代彩绘陶卧马，鬃毛直立，肋生羽翼，颇有些古代西方神话中的飞马味道，这是否具有西方文化因素的影响呢？

这种带有羽翼的神马，可能就是汉代人心目中的“天马”。西汉武帝元鼎四年（公元前 113 年），据说获得了从渥洼中飞跃出来的天马。渥洼是今甘肃敦煌附近的一片湖泽，当地人传说这里在春天常会见到天马从湖水中跃出，与湖边草原上生息的凡马交配。这些凡马在与天马交配后生下来的马驹被称作“龙驹”，神骏异常。汉武帝听说天马现世，欢欣不已，作“天马之歌”赞颂。实际上，按照李斐给《汉书》作的注解，当时一名在敦煌屯田的刑徒暴利长在野马群中发现了一匹特殊的骏马，设法抓住它献给了皇帝。为了突出这匹马的神异，才编出了天马从水中飞跃出来的神话。而“天马”这个称呼，则让我们直接想到在天穹中驰骋飞翔的神马。无垠的天穹与变化莫测的自然是古代人们产生宗教意识的根源。古人对于浩瀚的宇宙天空充满好奇与向往，认为那里是神灵居住的地方，有各种神奇的能飞翔的动物。天马就是其中的一种。

汉代以来，各种表现天界的绘画中往往都有天马形象。例如在

汉　陶马
故宫博物院藏
高 44.5 厘米　长 42.8 厘米

汉　奔马牌饰
故宫博物院藏
长 7.6 厘米　宽 6.2 厘米

汉　玉天马
故宫博物院藏
长 7.5 厘米　宽 3 厘米　高 5.5 厘米

甘肃省酒泉丁家闸曾发现了一批十六国时期的官员墓葬，其中五号墓墓室内有一批保存较好的彩色墓室壁画。在其中可以看到一匹神骏的飞马，它正在象征天穹的墓室顶部“飞奔”，脚下是层峦起伏的山脉，四周是漂浮的云气。为了表现飞翔的天马，古代图像中还出现了另一种长有飞翼的神马。早在汉代初期，这种具有羽翼的神灵形象就在中原的艺术品中出现了。例如在陕西咸阳出土的一件西汉羽人骑马玉雕，奔马的胸肋间就雕刻出了羽毛翅膀。然而，很多学者认为带有羽翼的神兽这种造型概念不是传统中国文化的产物，应该源于西方的古老文明，这种文化因素在中亚、西亚以及古希腊文化中一脉相通。早在三千多年前，两河流域的亚述文化中，就创造出大量具有羽翼的雄牛、狮子、山羊等巨型雕刻。古波斯文化中也有长着双翼的飞马。这类神兽形象之后广泛流行在欧洲地区，成为神话传说与艺术创作中的传统题材。而在与此时代相同的商代，至今从未有类似翼兽的文物出土。

而到了春秋战国时期，各种带有羽翼的神怪形象已在北方各国流行，现已出土的大量有关文物，从青铜器、玉雕到陶器都有涉及。这或许表明中原地区与西域乃至中亚、西亚地区之间的文化接触，在周代就已经存在。翼兽元素在汉代文物中也不乏实例，例如河南偃师出土的大型石雕辟邪。魏晋南北朝时期，各种文物的艺术造型中更是较多出现了有翼神兽。特别是自东汉以来，以天禄、辟邪为代表的大型石雕，给人们留下了神兽长有羽翼的印象。因此，在天马的形象塑造上也出现了添加羽翼的模式。这成了中国古代艺术品中一种典型的神异形象，也是汉代人们心目中骏马形象的最高体现。

西汉　玉仙人奔马
咸阳博物馆藏
通长 8.9 厘米　高 7 厘米

汉马出神境

秦 伟

汉代的骏马，以骁勇善战而闻名。西汉初年，边境不断遭到匈奴侵扰。霍去病率骑兵三千越千里大漠大败匈奴，却不幸早逝。武帝为其墓前立一石马，人与马均被赋予勇者的表征。西汉政府曾与大宛国发生过两次血战，是为了夺取“汗血马”。据说这马体态矫捷，能“日行千里”，但负重能力并不强。秦陵中的陶马英武高大，体现一种耐心待命、稳健含蓄之美。而“汗血马”四肢纤细，疾驰如舞，自有一种飞动仙逸之美，深得追求羽化登升的汉人喜爱，更得痴迷升仙的武帝厚爱，作歌咏之曰：“太一贡兮天马下，沾赤汗兮沫流赭。骋容与兮跇万里，今安匹兮龙为友。”受其影响，不论铜塑、玉雕，还是漆器、画像砖石世界中的汉马，各个充满神气，无不以动态之姿呈现飞升之美。

有这样一匹铜骏马，出自甘肃武威雷台汉墓。体态剽悍，体健势疾，昂首嘶鸣，三足腾空，一足“踏”在飞掠的鸟背上。按实际年龄，它已千岁有余岁。“太一”是古人的宇宙神。亦指周流万有，无往不在的“元气”。《吕氏春秋·大乐》云：“万物所出，造于太一。”“太一”造万物时，竟不忘造出这样一类与其生命特质相

东汉　画像石拓本
山东省石刻艺术博物馆藏

似的天马。鸟图腾代表日神，进一步表征“天”。若论体量，鸟的身形无法与马相比。但论起飞速，骏马绝非鸟的对手。用鸟托起马的造型，或许含有两种审美思想：其一，寓其会飞。《山海经·北次三经》中载：“马成之山……有兽焉，其状如白犬而黑头，见人则飞，其名曰天马。”其二，指其力量强大，能“上寻九天，横廓六合。”故以“马超龙雀”来命名铜奔马或许更确切。“超”，体现出速度美，更折射自信坚定、特立独行的时代精神。

汉画像中的骏马，莫不如是。它追云逐雾，大都表现出浪漫不羁的神气相。1990 年，在四川绵阳何家山崖墓，就曾出土一匹东汉大铜马，高 1.23 米，长 1.15 米。头顶璎珞，耳如削竹，长尾打结飘起。与“青丝系马尾，黄金络马头”之说互证。其高大威武，身披云裳（身上饰彩绘），前蹄略抬起，步履轻柔，步点有序，显得气定神闲，似乎可感受到庄子“逍遥游”的境界美。

既为天马，自然还是佑人飞升灵境的坐骑。1966 年，陕西咸阳市新庄乡农民在汉元帝渭陵附近取土时，拾到一件玉圆雕羽人驭马，高 7 厘米，长 8.9 厘米，由奔马、羽人以及象征流云的踏板组成。玉马形体高大，平首张口，双目前视，四肢弯曲，右前蹄踏于“云头”。羽人束巾，着短衣，左手握缰绳，右手持灵芝，骑在马上。马和人都长着翅膀，似在信步闲“云”。早年间楼兰遗址汉墓出土的一块地毡残片上也织有长羽翼的马。四川渠县铺家湾无铭阙画像，也刻有羽人驭马。人与马形神一致，羽翼飞动，身体后倾，似是相伴畅游太空。

《山海经》中亦有诸多神马。如有助人“登蓬莱，结无极”的千里马；有专食虎豹的驳马。传言齐桓公骑着这样一匹马行至深山，老虎望见不敢向前。此外，还有一种吉量马，骑上它能长命千岁，犬戎曾把它敬献给周文王。汉人把神话加以综合创作，就变成非凡的天马。当然，驾驭天马之人，自然也非凡人。他们长有羽翼，被称作羽人，也叫“飞仙”。

天界中，人欢马啸，气象万千。汉人驭马飞升的理想，在画像世界均被一一呈现。山东嘉祥汉墓“孔子拜见老子图”，多人驭马前行。马神采熠熠，奋蹄疾驰，显出期盼的表情；山东嘉祥另一图像，同样刻有多人驭马，鸟在前方雀跃，马奋力疾行。陕西绥德汉墓“神境图”中，有人驭马“追怪物”；有人引领车马威风出行。

如此热闹的神界，怎能少了执着登升的王者？羽人驭马玉雕的发现地渭陵，正是汉元帝的“地下王国”之所。《宋书 · 符瑞志》载：“玉马，王者精明，尊贤者则出。”如此说来，玉羽人莫非就是汉元帝“本人”，也许他升仙归来，正想讲述天国的故事。

汉人画马，可以简单到只用线。寥寥简单勾勒，马便有了生命，精神也呼之欲出。河南洛阳汉画像中的马、汉铜马、汉玉马等，均不求写实，而以简练、抽象的勾线手法表现形象与神韵。省略了造型细部，却突出了马能飞升的特性。被升仙思想浸淫的天马，每根神经都有“大道”的活力。古人云：“太一，道也”，“道混成而自然。”中国人把对“道”的表述托付给了灵动多变、与神秘莫测的云象吻合的“线”。战国及汉代之“云”，线的灵动出神入化。汉人痴迷于“道”，将其境之奇美表现到极致。以山东嘉祥汉墓砖“引魂升天图”为例，云气纷纷变粗、变繁。羽人倚在云端眺望，或手持彩云当绸舞。青云缭绕间，长有羽翼的天马、羽人同在谒拜西王母，奇禽异兽时隐时现。

天马往来，尽情表达汉人的美好祈愿，也展现着他们雄强弘大、永恒不衰的艺术生命。

张僧繇「画龙点睛」的故事，
极言其画技高妙、宛若有神。
李公麟细心观察而潜心描绘贡马「满川花」，
却将其「画死」。
这一中国艺术史上空前绝后的奇闻亦真亦幻，
在后世流传广播，是誉者之溢美渲染，
还是为超自然的力量所驱遣？

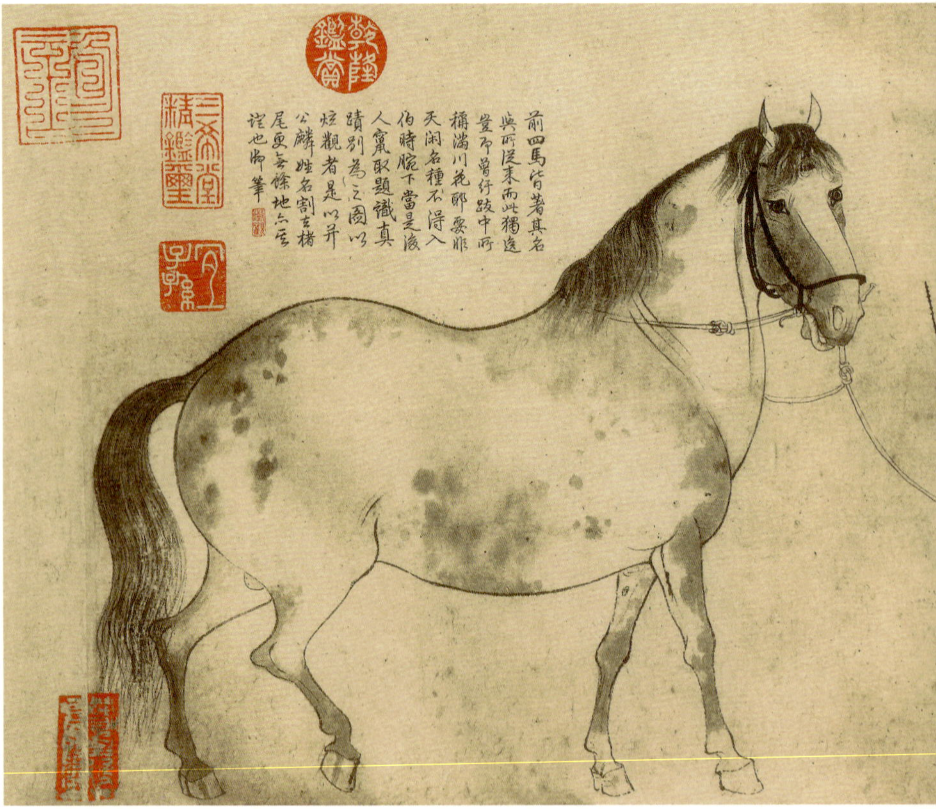

画杀满川花

画马异事的神秘与超越

衣若芬

“满川花”是北宋哲宗元祐三年（1088 年）于阗进贡的花马，画家李公麟曾经描绘西域贡马，作水墨白描画《五马图》，“满川花”即为其中一匹。

包括“满川花”、“凤头骢”、“锦膊骢”、“好头赤”和“照夜白”五匹骏马的《五马图》，分为五个段落，各画圉人牵马。南宋周密《云烟过眼录》著录此图，当时藏于王子庆家，曾为南宋高宗旧藏。历元明至清乾隆年间入宫，有乾隆御题。此图清亡之后被溥杰带去日本，由末延家收藏，二次大战后下落不明，今有珂罗版图像存世。

《五马图》不仅受古代画家重视，近现代画家也多有临摹。例如于非闇绘于 1942 年的《临韩幹照夜白李龙眠五马图合卷》。

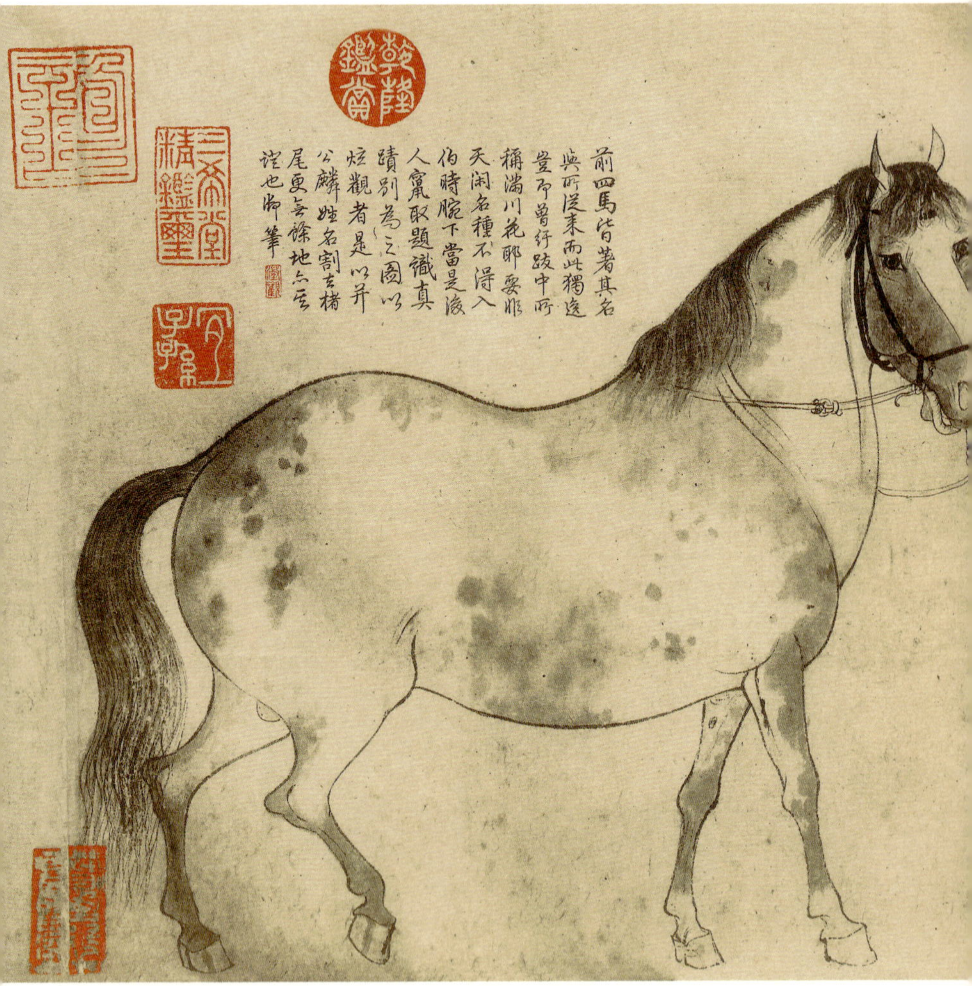
前四馬皆著其名
與所從來而此獨逸
豈即曾纡駿中所
稱滿川花耶要非
天閑名種不得入
伯時腕下當是後
人竄取題識真
蹟别為之圖以
炫觀者是以并
公麟姓名割去楮
尾更無餘地亦云
誼也御筆

《五马图》中之满川花

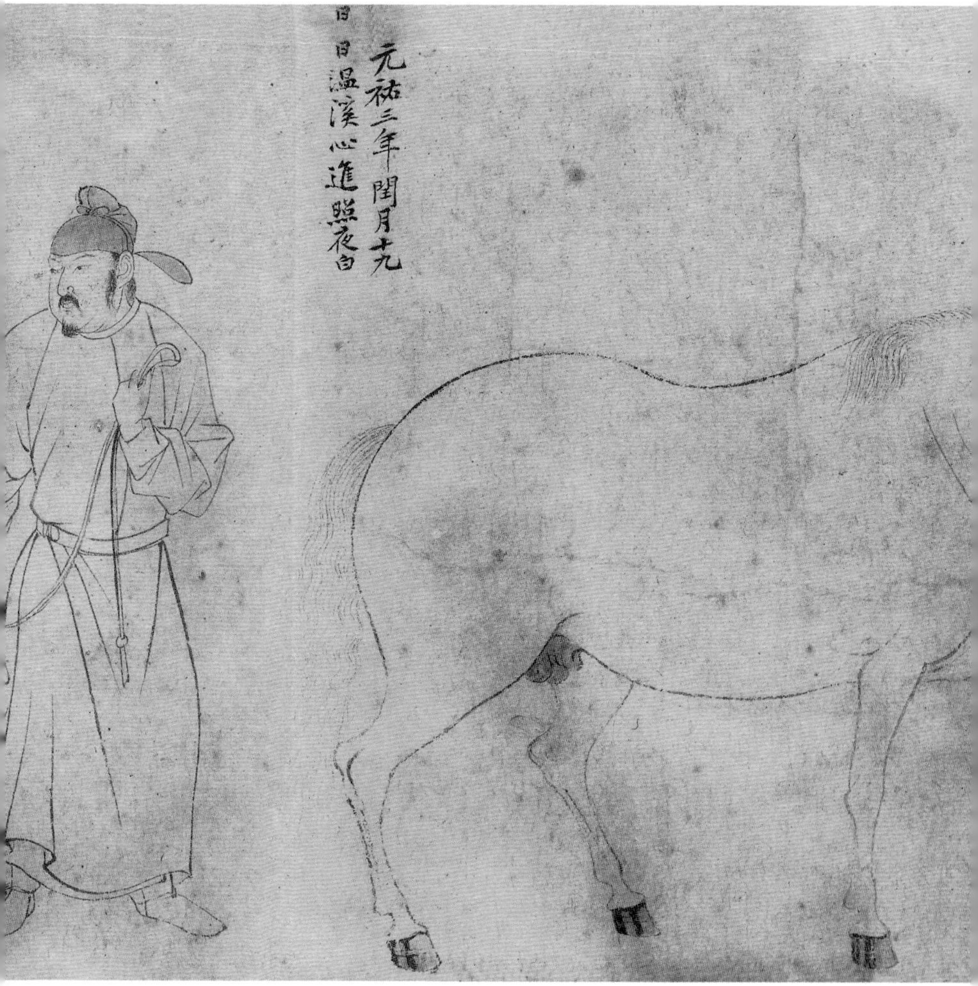
元祐三年閏月十九
日温溪心進照夜白

溥心畬在日本观赏过《五马图》，1957 年重作《临李公麟满川花》，跋语中提及《五马图》仅存二马。独临“满川花”，也许因其在五马中特别神祕，受“画杀满川花”的故事影响（“杀”一作“煞”）。直到 1982 年饶宗颐的《摹宋李公麟五马图卷》自书题跋，还传递着这一则奇谭：

山谷尝语，曾空清谓伯时貌天闲满川花，放笔而马殂，盖精魄为其笔端摄去，诚咄咄怪事。

“画杀满川花”事，见于《五马图》曾纡（字公卷，号空青老人）跋文，据《云烟过眼录》（蒋氏密韵楼景宋刊本），曾纡题曰：

元祐庚午岁〔按：1090 年〕，以方开科，应诏来京师，见鲁直九丈于酺池寺。鲁直时为张仲谟笺题李伯时画《天马图》，鲁直谓余曰：“异哉！伯时貌天厩满川花，放笔而马殂矣。盖神骏精魄皆为伯时笔端取之而去，实古今异事，当作数语记之。”后十四年，当崇宁癸未〔按：1103 年〕，余以党人贬零陵，鲁直除籍徙宜（真）州，过余潇湘江上，因与徐靖国、宋彦明道伯时画杀满川花事，云：“此公卷之所亲见。”余曰：“九丈当践前言记之。”鲁直笑曰：“只少此一件罪过。”后二年，鲁直死贬所。又二十七年，余将漕两浙，当绍兴辛亥〔按：1131 年〕，至嘉禾，与梁仲谟、吴德素、张元范泛舟访刘延仲于真如寺，延仲遽出是图，开卷错愕，宛然畴昔，拊事念往，逾四十年，忧患余生，岿然独在，彷徨吊影，殆若异世也。因详叙本末，不特使来者知伯时一段异事，亦鲁直遗意。

“满川花”的精神魂魄被李公麟的画笔夺去，离奇死亡的异事，曾纡听黄庭坚（字鲁直，号山谷道人）说过，念念不忘。黄庭坚认为此事值得记载，却始终没有动笔，历时四十余年，曾纡睹物思旧，终于记下。

黄庭坚不写李公麟“画杀满川花”，是忌讳记此灵异有伤士道吗？1103年再度与曾纡相见，提及此，黄庭坚说这是曾纡亲眼所见，曾纡竟也没有否认，还请黄庭坚写下此事，黄庭坚仍然不写，担心得罪朝廷，当时李公麟还在世。直到在刘袤（字延仲）家再欣赏到李公麟的作品，北方江山已易主，流离人生，恍若前世，曾纡的题跋等于是替黄庭坚完成遗愿，字里行间不仅有人马异事，还有对故人的怀念。

纠结在“写”与“不写”，“自己写”或是“他人写”，黄庭坚的犹豫，更显得“画杀满川花”之特殊。黄庭坚在政治和文学上的表现，都不像是危言耸听、好渲染光怪陆离的人，可能在理智上很难接受此异事；或者，很难判断记录此事对李公麟的艺术成就是否有正面影响。

李公麟画西域贡马时在元祐年间，苏轼兄弟也在朝廷，也有许多题写李公麟画马的作品，但是都不曾谈到“画杀满川花”。我们或可怀疑黄庭坚夸大或捏造了李公麟“画杀满川花”，然而，在徽宗敕编的《宣和画谱》里，提到了这样的事情：

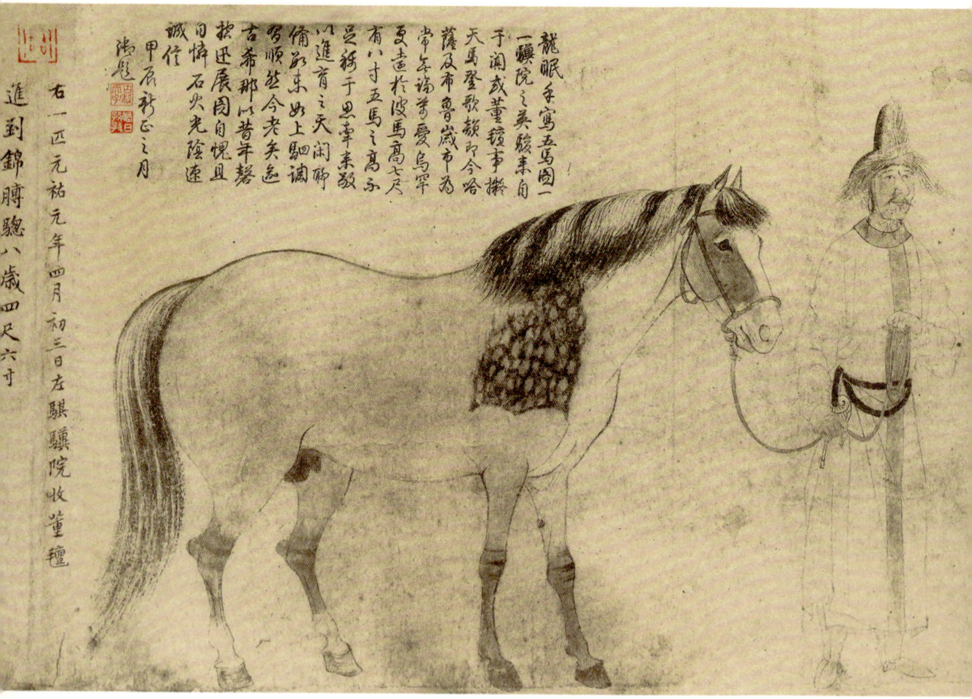

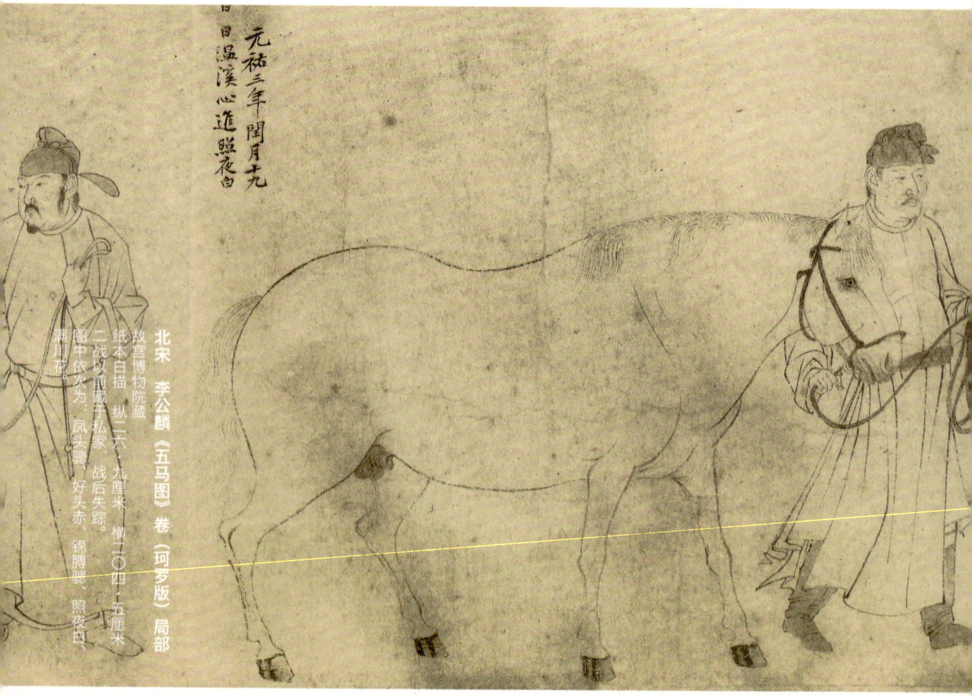

北宋 李公麟《五马图》卷（珂罗版）局部
故宫博物院藏
纸本白描 纵二六·九厘米 横二〇四·五厘米
二战以前藏于私家，战后失踪。
图中依次为：凤头骢、好头赤、锦膊骢、照夜白、满川花。

（李公麟）尝写骐骥院御马，如西域于阗所贡好头赤、锦膊骢之类，写貌至多，至圉人恳请，恐并为神物取去。

照顾贡马的圉人请李公麟不要再画，因为害怕贡马会“为神物取去”，意思就是会将被画的马的精魄夺走，导致贡马死亡。贡马亡毙，罪在圉人，圉人担待不起，于是恳求。

李公麟没有明白表达他对圉人恳求的反应，假使贡马果真是因他的画而死，其中的神祕力量，是人为的艺术极致，还是超现实的不可捉摸？如果是前者，《宣和画谱》的记载便是无上的荣耀；但如果是后者，画家如何自处，乃至自保呢？

在李公麟之前的唐朝画马名家韩幹，也有应物感神的故事。例如唐代张彦远《历代名画记》记载：

禄山之乱，沛艾马种遂绝，韩君端居亡事，忽有人诣门，称鬼使，请马一匹。韩君画马焚之。他日见鬼使乘马来谢。其感神如此。

宋代钱易《南部新书》记此事较为详细：

唐幹善画马，闲居之际，忽有一人朱衣玄冠而至。幹问曰：“何得及此？”对曰：“我鬼使也。闻君善画良马，愿赐一匹。”立画焚之。数日出，有人揖而谢：“蒙惠骏足，免为山川跋涉之苦。亦有酬效。”明日有人送素缣百疋，不知其来，幹取用之。

唐代段成式《酉阳杂俎》中也有此类传说：

建中初，有人牵马访马医，称马患脚，以二十镮求治。其马毛色骨相，马医未常见，笑曰："君马大似韩幹所画马，真马中固无也。"因请马主绕市门一匝，马医随之。忽值韩幹，幹亦惊曰："真是吾设色者。"乃知随意所匠，必冥会所肖也。遂摩挲，马若蹶，因损前足。幹心异之。至舍，视其所画马本，脚有一点墨缺，方知是画通灵矣。马医所获钱，用历数主，乃成泥钱。

以上故事有共通点，即段成式说的"随意所匠，必冥会所肖"，韩幹画马逼似真马，同类相感而超越了物质的限制，画马变成了真马。相似的"以画为真"、"使画为真"，像"画龙点睛"之类的故事在古代屡见传闻，其思想的来源可以《周易·文言》解释乾卦"飞龙在天，利见大人"为代表：

同声相应，同气相求。水流湿，火就燥。云从龙，风从虎。圣人作而万物睹。本乎天者亲上，本乎地者亲下，则各从其类也。

董仲舒《春秋繁露》也谈到"同类相动"："如马鸣则马应之，帝王之将兴也，其美祥亦先见；其将亡也，妖孽亦先见。物故以类相召也。"

"画杀满川花"的异事和"同类相动"、"同类相感"的前例迥异，韩幹画马成为真马，是使死马得活；李公麟却是使活马致死。

元　赵孟頫　秋郊饮马图

故宫博物院藏

绢本设色　纵 26.4 厘米　横 100 厘米

此图绘初秋郊原，牧人在荒野溪涧牧马的情景。水面平缓无波，岸边林木环绕，一乌衣红帽奚官正策马而来，其前后十几匹马，姿态各异，画面设色古雅，风格古朴厚重。

秋郊飲馬圖

“使死马得活”有思想依据，较易理解，端赖写实拟真的笔墨功夫。“使活马致死”则令人迷惑，除了画家超绝的技艺，还有极强的人为力量，或者是操纵人的无名力量，透过笔端，将活马的神魂摄取移置于画上，失去了神魂的活马因而死去。

“使死马得活”，是赋予生命；“使活马致死”，则是摧毁生命。站在“乐生”的立场，人们总是喜见生命诞临，担忧生命告终，画家若成了刽子手，破坏生灵，艺术如何存在？是为“异术”了。

我们无从考察李公麟“画杀满川花”的真实性，即使是偶发或虚构，个中的思想仍颇堪玩味。“使死马得活”，对所绘对象“分灵”；“使活马致死”，画家的作品便是原所绘对象的“全灵”，从这个角度设想，“画杀满川花”后，画上的满川花是否会代替死去的满川花继续存活？是以图像的形式？还是变为另一活的满川花？

在黄庭坚之前的诗人王令《赋黄任道韩幹马》诗有“传闻三马同日死，死魄到纸气方就”的句子，意同“画杀满川花”。可以说，“画杀满川花”是北宋中期新兴的绘画奇闻。

李公麟为何有“画杀满川花”的特异功力，恐怕连他自己也不明白，而且未必乐在其中。李公麟后来听从了劝告，改画神佛，《宣和画谱》说：“公麟初喜画马，大率学韩幹，略有损增。有道人教以不可习，恐流入马趣。公麟悟其旨，更为道佛尤佳。”

“流入马趣”是指来世轮回入马的畜生道，由于此生太接近马，画了许多精彩的马图，还“画杀满川花”，此生已经极为肖马，来世便可能投胎成为马。此事也见于邓椿《画继》卷三，释惠洪（1071 年—1128 年）《冷斋夜话》卷八《李伯时画马》记之尤详：

李伯时善画马，东坡第其笔，当不减韩幹。都城黄金易得，而伯时马不可得。师让之曰："伯时为士大夫，而以画行，已可耻也。又作马，忍为之耶？"伯时恚曰："作马无乃例能荡人心、堕恶道乎！"师曰："公业已习此，则日夕以思其情状，求为神骏，系念不忘，一日眼光落地，必入马胎无疑，非恶道而何？"伯时大惊，不觉身去坐榻曰："今当何以洗其过？"师曰："但画观音菩萨。"自是画此像妙天下，故一时公卿服师之善巧者也。

叶梦得《避暑录话》卷下记载李公麟改画佛像，得吴道子笔意：

李伯时初喜画马，曹、韩以来未有比也。曹辅为太仆少卿，太仆视他卿寺有廨舍，国马皆在其中，伯时每过之，必终日纵观，有不暇与客语者。法云圜通秀禅师为言："众生流浪转徙，皆自积劫习气中来。今君胸中无非马者，得无与之俱化乎？"伯时惧，乃教之，使为佛像，以变其意，于是深得吴道子用笔意。

由画马改画佛，以免"流入马趣"，可说是对"画杀满川花"的解脱。

画马而"流入马趣"的说法在后世并未被发扬，"画杀满川花"的类似异事也未见发生于李公麟之后的画家。一种简单的方式，就是像明代朱曰藩《山带阁集》卷三十三《跋李伯时戏马图》道："临窓（窗）展此卷观之，恍若二龙驹从渥洼水中出也，意态俊壮，真得天用之奇，谁云习者流入马趣乎？"直接否定李公麟画马会"流入马趣”。另一种表述，则是强调绘画本身的虚幻性，和题咏人像画一样，形容画家创作是“幻出”，在南宋题画马诗中经常可见，例如：

周紫芝：“龙眠笔意天与妙，尺素幻出双骅骝。”

史尧弼：“笔间幻出马中龙，放牧平沙细草中。”

楼钥：“韦侯擅笔精，幻出无人境。”

谢采：“韩幹仙翁挥翰手，毫端幻出渴乌首。”

金朝诗人王庭筠《杨秘监下槽马图》诗剖析了“流入马趣”的无稽：

> 龙眠悔画马，政恐堕马趣。我今破是说，试下第一句。道人三昧手，游戏万象具。万象初莫逃，毕竟无所住。譬如大圆镜，照物随其遇。少焉物四散，影果在何处。杨侯具此眼，透脱向上路。万马落人间，盖证龙眠误。

绘画依存于笔墨纸绢等物质，无论画家如何巧妙模拟复制，表现所绘对象的真，毕竟还是不能取代所绘对象，不会有韩幹“使死马得活”的奇迹。幻因真而显现，即使极力求真，终归依然是幻，没有所绘对象的真，便无绘画的幻。甚至，用《金刚经》“一切有为法如梦幻泡影”的观点，所绘对象的真，其实也是幻，画家能够“幻出”大千世界已然可贵，遑论“使活马致死”，“画杀满川花”。

从中国艺术的发展脉络观察，“画杀满川花”的奇事正是产生于对唐代繁荣成熟的咏马诗及鞍马画的继承与开创阶段。在此之前的天人感应思想里，早有“马为房星之精”的说法。房星为二十八宿之一，《史记·天官书》：“房为府，曰天驷。”《晋书·天文志》将之推衍到人治：“房四星，为明堂，天子布政之宫也，亦四辅也。……亦曰天驷，为天马，主车驾。……房星明，则王者明。”天上的房星明亮，示兆地上的君主英明；房星下凡的壮盛骏马，是为国威强大的象征。

宋人与马的关系随着边防军事、马政措施、帝王对贡马的态度等变化而异于前朝。《宣和画谱·畜兽叙论》在谈到何以画家多绘牛和马，也有一番象征式的解释：

乾象天，天行健，故为马；坤象地，地任重而顺，故为牛。马与牛者畜兽也，而乾坤之大，取之以为象。若夫所以任重致远者，则复见于《易》之《随》，于是画史所以状马、牛而得名者为多。

到了南宋，鞍马画渐多历史题材，诸如《明妃出塞图》、《明皇幸蜀图》、《杨妃上马图》等，画家除了写生，还可临摹前人作品，距离“画杀满川花”的可能性更为遥远。金元画家赵孟頫、任仁发、龚开，各借画马抒发情志，鞍马画的人文气质浓厚。

明代人对于“画杀满川花”异事的态度两极，谢肇淛列举了画史上的一些类似传说，批驳其不合理：

张僧繇画龙点睛便破壁飞去。顾光宝画狮子，能为陆溉治祟，口血淋漓。杨子华画马，夜闻蹄啮声。韩幹画马，鬼使乘之以请

宋摹本唐梁令瓒星宿图卷（局部）

故宫博物院藏

绢本设色　纵 30 厘米　横 485 厘米

全卷画五星和二十八宿神形（现存五星十二宿）。

此局部所示为东宫苍龙中的风宿，定式是人骑马，持弓策马踏火缓行。

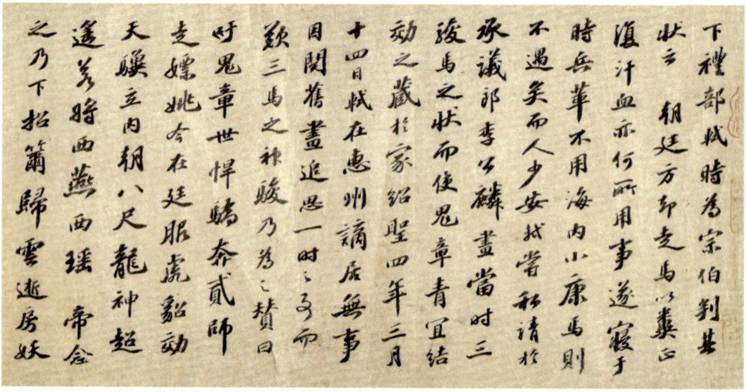
下禮部賦時為宗伯判其
狀云 朝廷方卻走馬以糞田
渥洼汗血亦何所用事遂寢于
時兵革不用海內小康馬則
不遇矣而人少安軾嘗私請於
承議郎李公麟畫當時三
駿馬之狀而使鬼章青宜結
効之藏於家紹聖四年三月
十四日軾在惠州謫居無事
因閱舊畫追思一時之事而
歎三馬之神駿乃為之贊曰
吁鬼章世悍驕奔貳師
走嫖姚今在廷服虎貂効
天驥立內朝八尺龍神超
遙若將西燕西瑤 帝念
之乃下招箭歸雲逝房妖

宋　苏轼行书题李公麟三马图赞残卷（局部）
故宫博物院藏
长 29.2 厘米　宽 78.6 厘米

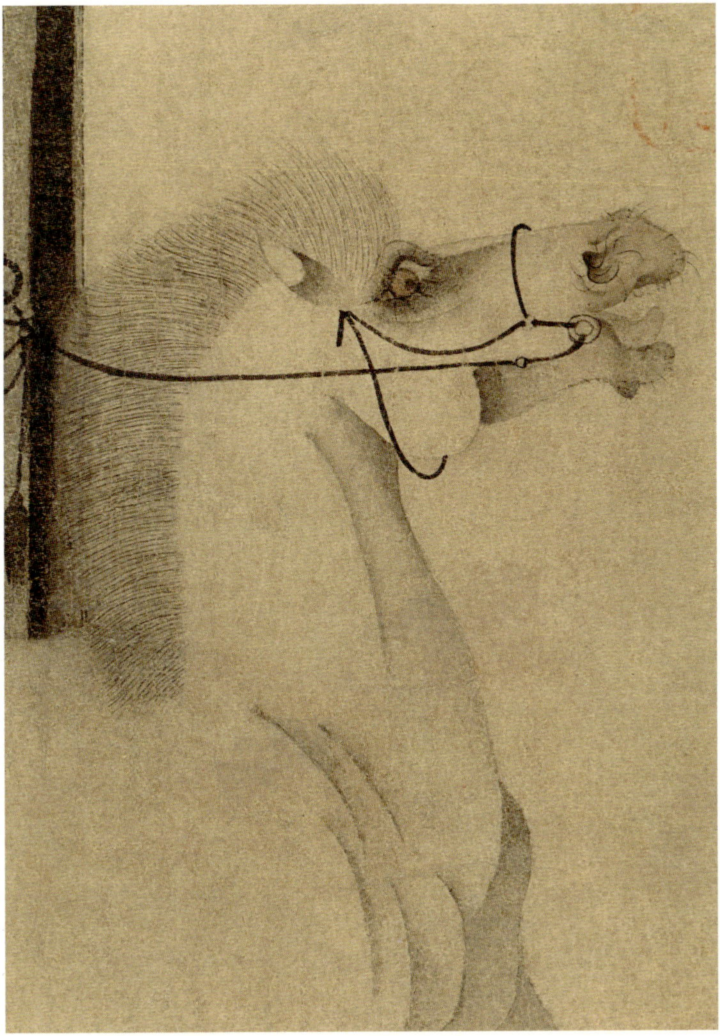

唐　韩幹　照夜白图（局部）

美国大都会艺术博物馆藏

纵 30.8 厘米　横 33.5 厘米

医。吴道子画驴，踏破僧房家具。李伯时画天厩满川花，放笔而马死，盖其精魂皆被笔端取去。此皆理之所无，抑恐誉者过当。

郎瑛《七修续稿》卷七收录了曾纡的题跋，归于“奇谑类”。郎瑛认为李公麟“画杀满川花”是“实有是事，真可为异”，他补充道：“又尝闻传神之人云：‘凡写病者之照，肖之则病人多死。’岂非亦收其精魄于绘事耶？”除了画马夺神，画人也会。

无论“画杀满川花”是否合理属实，大多数明清文人已经接受这个异事，视为一种推崇画艺的典故或比喻。文徵明《题李公麟绘列女传》就盛赞：“所画人物状貌，衣冠剑佩，及旁题之书法，靡不精妙，非具画煞满川花之神技不能到也。”就连不信“画杀满川花”的谢肇淛，也认为恐怕是“誉者过当”而捏造了此事。

清代宋荦欣赏过《五马图》，称许“画杀满川花”是“千古佳话”：

李龙眠画人马恒在绢上，取法唐人用笔刻画。惟毗陵庄氏所藏五马图卷，用澄心堂纸白描，微设色，简古超妙，独冠诸迹。详周公谨《云烟过眼录》及近日卞侍郎永誉《式古堂画考》内画杀满川花事，洵为千古佳话。

乾隆皇帝收藏的《五马图》第五匹马缺少题笺，被设想即是“满川花”。乾隆的题画诗里提及：“其后一马失题识，昂藏殊相星瞳辉。艺成放笔一马殂，太仆惆怅何争差。”

乾隆二十七年（1762年）爱乌罕（即阿富汗）遣使献阿拉伯马，次年乾隆皇帝命郎世宁画《爱乌罕四骏图》。郎士宁逼肖的画法虽受皇帝欣赏，然稍逊“古格”，于是令宫廷画家金廷标仿李公麟《五马图》，补画牵马的圉人。乾隆帝作《命金廷标橅（摹）李公麟五马图法画爱乌罕四骏因叠前韵作歌》记之，诗中指出郎世宁画“似则似矣逊古格”，所谓的“古格”，是构图形式？水墨白描笔法？还是夺其精魄的、不可思议的力量？

空前绝后的“画杀满川花”异事，在李公麟之后再没有出现于画史。蒲松龄《聊斋志异》里《画马》一则，仿韩幹“使死马得活”故事，托名马图为赵孟頫所绘，但那已经是小说了。

诗词歌赋中，俯拾即是对马的恋慕。
马儿有灵且美，是羁旅天涯的伴侣，建功立业的助手，
还有一份追寻自由的骄傲。
对马之观望，又何尝不是文人自我意识的镜像？

子游残碑

東晉 王羲之 淳化閣帖

東晉 王羲之 澄清堂帖

唐 顏真卿 顏勤禮碑

齊 王慈 万歲通天帖

同上 十七帖

禮器碑陰

唐 褚遂良 房玄齡碑

漢 曹全碑

隸辨

唐褚遂良枯樹賦

說文

唐 顏真卿 裴將軍詩

宋 米芾 三希堂法帖

周 石鼓文

同上

毛公鼎

說文古籀補

明 王鐸詩卷

马有灵且美

中国古典传统中的马

徐晋如

记忆所及，西方文学中铺词摛藻，描摹刻画马的情态的，颇不多见。当代风靡全球的小说《马语者》，虽然写到马，本旨还在人的情感。但在中国文学中，马却是仅次于龙的高贵生物。古代中国人并不是马背上的民族，偏偏对马有着近乎神圣的感情，这一现象殊为奇特。

马的风驰电掣，常让人想到传说中的龙。古代有一种骏马就叫龙媒，《周官》则记载："凡马八尺以为龙，七尺以上为騋，六尺为马。"《礼记》里说，孟春之月，天子乘苍龙。孟夏驾赤骝，孟秋驾白骆，孟冬驾铁骊。古时春为东陆，属木，其色青；夏为南陆，属火，其色赤；秋为西陆，属金，其色白；冬为北陆，属水，其色黑。天子所乘驾的马匹，也会因季令的不同而各选其当，把马的使用提高到顺时应天的高度，可见马的地位在先秦时有多高了。

宋人绘　摹顾恺之洛神赋图卷（局部）

故宫博物院藏

绢本设色　纵 27.1 厘米　横 572.8 厘米

在中国最早的文学总集《诗经》中，就时时能见到与马相关的诗句。比如“陟彼崔嵬，我马虺隤。我姑酌彼金罍，维以不永怀。陟彼高冈，我马玄黄。我姑酌彼兕觥，维以不永伤。”（《卷耳》）“驷驖孔阜，六辔在手。公之媚子，从公于狩。”（《驷驖》）“文茵畅毂，驾我骐馵。言念君子，温其如玉。”（《小戎》）“四牡騑騑，周道倭迟。岂不怀归，王事靡盬。”（《四牡》）都是把所乘所驾之马，作为诗起兴的由头。先秦时与马有关的字也特别多，往往马毛色不同，就有不同名称，甚至细分到马的四蹄皆白、前蹄白、前右蹄白，分别叫什么名字。周代的人们并非都过着逐水草而居的游牧生活，对马的区分却如此精细，实在令人赞叹。

《鲁颂》中有一篇《駉》，是史克所作，用以称颂鲁僖公的德政：

駉駉牡马，在坰之野。薄言駉者，有驈有皇，有骊有黄，以车彭彭。思无疆，思马斯臧。

駉駉牡马，在坰之野。薄言駉者，有骓有駓，有骍有骐，以车伾伾。思无期，思马斯才。

駉駉牡马，在坰之野。薄言駉者，有驒有骆，有骝有雒，以车绎绎。思无斁，思马斯作。

駉駉牡马，在坰之野。薄言駉者，有骃有騢，有驔有鱼，以车祛祛。思无邪，思马斯徂。

孔子说：“诗三百，一言以蔽之，曰思无邪。”大名鼎鼎的“思无邪”三字，最早就出自这首诗。全诗大略是讲鲁国在僖公的治理下，马群茁壮，各色品种的马都有，大概也有隐喻鲁国人才济济的意思。可见在当时人的心中，马与人的关系最密切，是真正的伴侣动物。

马为龙友，龙在《易经》中应乾卦，马也同应乾卦。传说“伏羲氏王天下，龙马出河”，又说“尧时龙马衔甲，赤文绿色，临坛上，甲似龟，广袤九尺，圆理平上，五色文，有列星之分，斗政之度……”马之祥瑞，不逊于龙。据古籍《瑞应图》所载，有一种叫腾黄的神马，又名吉光，谁要以之为坐骑，可寿至三千岁。腾黄是长生不死的，只有王者顺应天时，遵循大道，四方人民齐颂，才会出现。又有一种神马叫龙马，高八尺五寸，脖颈很长，骼上有翼，翼旁垂着长长的毛，鸣声特别好听，只有天子圣明，才会出现。这些当然是神话，但由此可窥见马在当时帝王将相心中的地位。这就难怪汉武帝为得汗血宝马，不惜发大军间关万里，与大宛国一战了。为了得到好马而引发长达四年的战争，在世界史上也是独一无二的。

而本为影射汉武帝而作的汉代小说《穆天子传》，称周穆王有八骏，其乘坐八骏所拉的车子，西游昆仑，与西王母赋诗互答。西王母曰：“白云在天，山陵自出。道里悠远，山川间之。将子无死，尚能复来？”穆天子回答说：“予归东土，和治诸夏。万民平均，吾顾见汝。比及三年，将复而野。”情致绵绵，为马的意象平添几分浪漫色彩。而史书里记载，有郑客在华山见到素车白马的使者，让他传言“今年祖龙死”，后来秦始皇就真的去世了。李白《古风》云：“郑客西入关，行行未能已。白马华山君，相逢平原里。璧遗镐池君，明年祖龙死。秦人相谓曰：吾属可去矣。一往桃花源，千春隔流水。”就史传所载，稍事点染，即成千古绝唱。马因其高贵

隋　太原虞弘墓汉白玉石椁浮雕（局部）

1999 年太原市南郊王郭村出土　山西博物院藏　厉春摄

上图绘人骑马行途中驻足饮食，下图绘一神马奋蹄腾跃之姿。

而浪漫，也因其高贵而神秘。

还记得李贺的那首《马诗》吗？“大漠沙如雪。燕山月似钩。何当金络脑，快走踏清秋。”马的清健夭矫，总让人叹赏不已。像老杜的《骢马行》，形容大宛的骢马“牵来左右神皆竦。雄姿逸态何崷崒，顾影骄嘶自矜宠。隅目青荧夹镜悬，肉鬉碨礌连钱动”……令人读之神旺。而北宋秦观的《题騕褭图》，亦是气势雄浑，响遏行云：

双瞳夹镜权协月，尾鬣萧森泽於发。鞍衔不施缰复脱，旁无驭者气腾越。地如砥平丘陇灭，天寒日暮抱饥渴。骧首号鸣思一发，超轶绝尘入恍惚。东门金铸久销歇，曹霸丹青亦云没。赖有龙眠戏挥笔，眼前时见千里骨。玉台阊阖相因依，嗟尔龙媒空自奇。鸾旗日行三十里，焉用逐风追电为！

騕褭是一种赤喙黑身的宝马，神骏非凡。马的精气神，也感染了诗人，使得诗人的气势跟着磅礴起来，哪里有一丝一毫写“有情芍药含春泪，无力蔷薇卧晓枝”（《春日》）时的缠绵意态？这两句诗曾为金代诗人元好问讥为“女郎诗”，可以想像，元好问要是读了秦观的这一首《题騕褭图》，一定会大惊失色。

马神骏而快疾，常令人联想到自由。庄子讲了一个深刻的寓言：

马，蹄可以践霜雪，毛可以御风寒，龁草饮水，翘足而陆，此马之真性也。虽有义台路寝，天所用之。及至伯乐，曰：“我善治马。”烧之，剔之，刻之，雒之，连之以羁絷，编之以皂栈，马之死者十二三矣；饥之，渴之，驰之，骤之，整之，齐之，前有橛饰之患，而后有鞭策之威，而马之死者已过半矣。……然且世世称之曰“伯乐善治马”……此亦治天下者之过也。(《庄子·外篇·马蹄》)

但是，中原文明文治日盛，再也回不到朴野自由的时代中去。于是后世对自由的向往，又往往依托“胡马”这一独特意象而体现出来。古诗《行行重行行》中的“胡马依北风”，一般认为是寄托了诗人对故乡的眷念之情，其实，胡马之所以依北风，人们之所以怀乡，萦怀难去的，是对故土自由的缅念。老杜的《房兵曹胡马诗》：“胡马大宛名。锋棱瘦骨成。竹批双耳峻，风入四蹄轻。所向无空阔，真堪托死生。骁腾有如此，万里可横行。”写出胡马的孤傲不群。龙性难驯，马性也是向往着万里横行的自由之境。至于韦应物的“胡马，胡马，远放燕支山下。跑沙跑雪独嘶，东望西望路迷。迷路，迷路，边草无穷日暮”，则沉郁悲凉，寓意更深。原来，只要追求自由，就必然得承受孤独。尽管孤独是那样地难以忍受，但自由更值得人用一切去交换。

在二十世纪前期，有一位大诗人罗瘿公，他为程砚秋写了一出著名的诗剧《文姬归汉》，里面有这样一段唱：

荒原寒日嘶胡马，万里云山归路遐。蒙头霜霰冬和夏，满目牛羊风卷沙。重返故园成虚话，长夜漫漫逝年华。月明孤影毡庐下，何处云飞是妾家。

气象萧森，套用王国维的话来说，是“真能得马之神理”。对自由的渴慕，对故土的眷念，是千古文人寄托在马背上的迷梦。

元　赵孟頫　赵雍　赵麟　三世人马图卷（局部）
美国大都会艺术博物馆藏
纸本设色　纵 30.03 厘米　横 177.1 厘米

元　任贤佐　人马图轴

故宫博物院藏

绢本设色　纵 50.6 厘米　横 36 厘米

五代　梁　赵喦　八达春游图轴

台北故宫博物院藏

绢本设色　纵 161.9 厘米　横 102 厘米

绘八名衣冠华贵之士，骑着骏马出游，或回首召唤，或挥鞭促行，人马各有不同的神情与动态，相互顾盼。园林中的草木呈现新绿之色，马匹踏着轻快步伐，表现出春游之愉悦气氛。

宋　李赞华　番骑图卷

美国波士顿美术馆藏

绢本设色　纵 27.8 厘米　横 125.1 厘米

是图绘六人骑马出游场景，衣冠佩饰因身份各异，顾盼中慢跑前行，赋色华丽。

金　赵霖　昭陵六骏图卷　白蹄乌

故宫博物院藏

掣电倾城

掠过大漠、旷野、草原，
马见证人类拓展生存空间的历险，从未只是看客。
风霜磨砺，疆场搏杀，
「莫嫌金甲重，且去捉飘风」
是驱驰策奔中的从容。

项王有踏雪乌骓，关公有嘶风赤兔——
宝马名将的浪漫诞生亦湮没于真实、残酷的鏖战。
马以其速度、力量、敏捷、忠诚成就人类欲望，
也总有马革裹尸的惨烈。

秦　配鞍陶马

高 172 厘米

秦始皇陵二号俑坑出土

马与战争

马未都

与人类愿望相反，人类文明是在不文明中行进的，战争是推动历史前进的主要力量。人类的先进技术往往首先运用于战争，自人类有冲突那一天起，战争就变得越发残酷。无奈战争是人类政治的最高表现形式，大部分的人类矛盾都通过战争来解决，最终达到某一种平衡。

直接使用马作为武器装备是人类战争史的一个重要节点，如同使用火药一样，这一行为让战争的残酷升级。使用或依赖马作为战争武器，在人类历史上至少延续了三千年，全世界骑兵全部废止至今只有几十年的时间。

马作为人类豢养动物，大大地晚于猪牛羊甚至猫狗。家马最早由欧洲野马驯化而来，仅有四五千年的培育历史，欧洲野马今已灭绝，侥幸存世的普氏野马并不是家马的血缘祖先。马是奇蹄动物，进化

山东淄博后李庄墓葬车马坑

战国　举头青铜马
高 18 厘米
河北邯郸赵王陵出土

战国　觅食青铜马
高 15 厘米
河北邯郸赵王陵出土

战国　伫立青铜马
高 15 厘米
河北邯郸赵王陵出土

安阳殷墟郭家庄商代墓葬 M146、M147 车马坑

过程中命运多舛，目前除家马以外，其余奇蹄动物均面临濒危境地，而偶蹄类家族却非常兴旺，属种为奇蹄类十倍以上。这让家马书写了一段令人羡慕的传奇。

这段传奇显然与人类的活动有关。人类豢养培育马的目的与其他家畜家禽不同，作为食物不是第一目的，所以至今吃马肉的民族并不普遍。马是典型的役使家畜，用于挽车、载重、骑乘。历史上马在劳动、交通、战争中所起的作用远远大于其他动物，直至工业革命蒸汽机发明之前，马一直为世界多民族的最主要的畜力，以致“马力”成为功率的基本单位。

自从马加入了战争队伍，马就成为战争装备，由战车为主向战马为主逐渐过渡。实际上，马在古今中外的战争史上都立下了不可磨灭的“汗马功劳”。在古中国、古埃及、古罗马、古希腊的战争史上，横向时段用马用兵人类几无差距。

策马飞舆

“軍”字就来源于马之战车。《说文解字》：“军，圜围也。四千人为軍。从車，从包省。軍，兵車也。”商周时期，古人以四千人为军，二千五百人为师，五百人为旅，百人为卒。军以车排阵，形象威严，战无不胜，攻无不克。此古军队建制对后世影响极大，至今军队建制排序仍未悖古制。

商周时期，中国社会由奴隶制向封建制过渡，社会矛盾激化，硝烟四起，诸侯争霸，当时战争多以步兵戈矛为重，马匹仅作为负载辎重及马战车之用，不予骑乘。《吕氏春秋》载，商汤灭夏战于鸣条时，军中有战车七十乘。马战车加入战争兴起于商，盛于西周春秋，衰落于战国至汉。长达千年的古战场上，马战车曾是绝对霸主。无论两马还是四马战车皆为独辕，辕长或直或曲，前端设衡，四周设栏，其名多杂，称金车，戎车，攻车等等，听名即知功能。战车一般配甲兵三，“御者”驾车，“戎右”负责近距格斗，“多射”负责远距射击；格斗兵器为戈，春秋后为戟、矛取代。远射为弓弩，先于格斗搏杀。由于马战车体大且重，尚不灵活，必须有步兵（徒卒）协同作战，组成编队。因此，彼时的战争讲究排兵布阵，严格阵型纪律。

商代殷墟墓葬出土的车马坑表明商代后期战争的基本情况。1990 年发掘的河南安阳郭家庄 160 号墓地北距著名的小屯村仅 1.5 公里，这是一座极罕见又未被扰动过的墓葬，出土文物 353 件，其中青铜器就占 291 件，并以戈矛武器为主，并另有箭镞 906 枚。此墓西南 35 米发现了 M146、M147 两座车马坑，其兵器与主墓相同，考古推测为 160 号墓的陪葬坑。车马坑作为主人墓陪葬，一说明主人的战争功绩，二说明时代的战争冲突。此马战车为商周战车标准式，独辕直衡，四面拦板，双马卧于双侧，为功勋卓著的主人殉葬。

同为 1990 年，山东淄博后李官庄也出土了两个车马坑，一号坑规模宏大，南北长 31 米，东西宽约 4 米，坑内殉葬 32 匹马，10 辆战车，其中 6 辆四马一车，4 辆两马一车；车分为两类，战车车舆较小，辎重车车舆较战车大两倍以上，车轮也大。坑内马头均向西，整齐排列，马身都有铜或角骨贝等材质饰件，华丽异常。此车马坑经专家论证，认为年代为春秋中期甚至略早。

同年，还是山东淄博淄河店，发现四座甲型大墓，其中二号墓北侧发掘出殉马坑，出土马 69 匹之多，蔚为壮观。殉马坑东西四十五米，殉马单行排列，头北面东，昂首屈肢，整齐划一，一副军事列队姿态。但此殉马坑不见战车，而在相距 13 米的二号墓中发现了战车，经发掘确认 22 辆。在墓室内埋葬如此之多的马车，在考古史上也十分罕见。车分三类，第一类车紧凑，车轻轮高，舆短无盖，驾四马乘三人，宜于急驰。《周礼 · 春官》：“车仆，掌戎路之萃，广车之萃，阙车之萃，苹车之萃，轻车之萃。凡师，共革车，各以其萃。”郑玄注：“此五车皆兵车，所谓五戎也。”萃通倅，副职。此类轻车占出土大多数。第二类车舆较大，无轼，便于安坐，车舆两侧有铜器座，可以用来安装伞盖。《周礼 · 春官》：“安车，雕面鹥总，皆有容盖。”郑玄注：“安车，乘坐之车，凡妇人皆坐乘。”此类车仅见一辆，推测为安车。第三类车无轼无门，略显简陋。《周礼 · 春官》：“庶人乘役车。”郑玄注：“役车，以方车可载任器以供役。”此类车当时可能用来载人载物。此墓葬主人不明，因与临淄著名的二王冢四王冢很近，应为田齐王陵的陪葬墓。时代为战国早期。

这三组车马坑依次为商晚期，春秋中期，战国早期，脉络清晰，所殉车辆型制不一，功能各备，均可以看出以军事目的为主。马战车为上古时期最为常见的军事装备，一般认为马战车最早发源地为伊朗高原印度平原，后来向西亚，东亚及欧洲传播。古希腊，波斯

战国　牧马图岩画

内蒙古博物院藏　华胥摄

秦　车左俑

秦始皇陵二号坑出土
夏居宪摄

铜马（局部）
夏居宪摄

以及中国商周时期军事上广泛采用，平时也影响至贵族的生活，成为赛事或座驾。

春秋时代处于西周与战国之间，社会的发展导致各类兼并战争日益加剧，这种加剧促使马战车的数量激增。公元前 632 年的城濮之战，晋国出动战车七百乘，虽“退避三舍”，仍大获全胜；公元前 684 年的长勺之战，齐国十倍鲁国兵力，鲁国军师曹刿主动请缨同鲁庄公奔赴战场，此役虽兵力悬殊，但双方出动战车均在千乘以上，鲍叔牙与曹刿斗智斗勇，最终鲁军“一鼓作气”，锐不可挡之势取得决定性的胜利。马战车是现代战争中的坦克祖先，连编制形式都相同，即一辆战车配有对应数量的徒兵，构成战争的主体冲突。

至少从商至周的一千年的时间里，马战车是战争的主力，也是国家之间的威慑力。多部古籍中记载战争出动战车数百乘，上千乘，甚至两千乘，更有晋楚两国被称为万乘之国。车上士兵高竖甲领，著甲胄，执盾牌，配以长柄戈、矛、戟等兵器，另有弓矢。可以想见上古时期正规战争的壮烈，在骑兵出现之前，马战车一直是军队的主力，遵循“舆侧接敌，左右旋转”的作战基本原则。晚商春秋之际，战争以车战为主，战国时步兵逐渐强大，战争开始强调步兵作用，这一转化改变了“车驰卒奔”的局面。

胡服骑射

有记载马用于骑兵是战国赵武灵王时期。公元前 326 年，赵国

秦始皇陵铜车马

夏居宪摄

北朝早期　黄褐釉陶铠甲马
咸阳市考古研究所藏
高 46 厘米

君主赵肃侯卒，子赵雍即位，时年约二十岁。赵雍即位之初，正值赵国内忧方平外患又生的境地，赵国被强国包围，东齐、西秦、南魏、东北燕，小国心患中山国，北方还有林胡、东胡、楼烦等游牧民族侵扰，景况堪忧。

赵雍年轻即位，初始并不顺，对外作战屡败，北方少数民族又时时给予不确定压力，国家境地并不乐观。公元前 307 年，赵雍召开军事会议，与肥义谈论天下大事，会议五天，会后决定先进攻中山国，可惜首战告败，被迫退兵。退兵后，赵雍亲自去边境考察，得出失败结论，认为军事上的失败是由于马战车辎重不便，服装也受限制，均不如胡兵灵活，于是赵雍广招大臣商议，谋划出重大的军事改革措施，即历史上大名鼎鼎的“胡服骑射”，这一举措为赵国后来灭中山国奠定了基础。

胡服骑射的军事改革，让赵武灵王名垂青史。1903 年，梁启超发表了《黄帝以后的第一伟人——赵武灵王传》，梁说：“（战国）七雄中实行军国主义者，唯秦与赵。赵之有武灵肥义，犹如秦之有孝公商鞅也。而秦之主动力在臣，赵之主动力在君……王之变胡服也，凡以为习骑射之地也；以骑射教百姓，所谓举国民皆兵也。”对赵武灵王的胡服骑射，梁启超赞叹“凡改革之业最难，其利在后。”

1997 年底，河北邯郸赵王陵被盗，其中有三匹青铜马完璧归赵。这三匹青铜马尺寸不大，但塑造得十分真实，三马尾均打结，肌肉隆突，臀部丰健，脖颈粗壮，腿部发达，蹬踏有力。青铜马多出土秦汉墓葬，战国陵墓出土不多见。从目前已发掘的赵国贵族墓葬来看，基本都有车马坑，这一现象明确地说明了赵国与马的密切关系。

什伐赤

青骓

唐　昭陵六骏浮雕之什伐赤、青骓、特勤骠、白蹄乌

西安碑林博物馆藏　任超摄

高 171 — 175 厘米

六骏原列于唐太宗昭陵北阙，"飒露紫"、"拳毛騧"二骏，现存美国宾夕法尼亚大学博物馆。

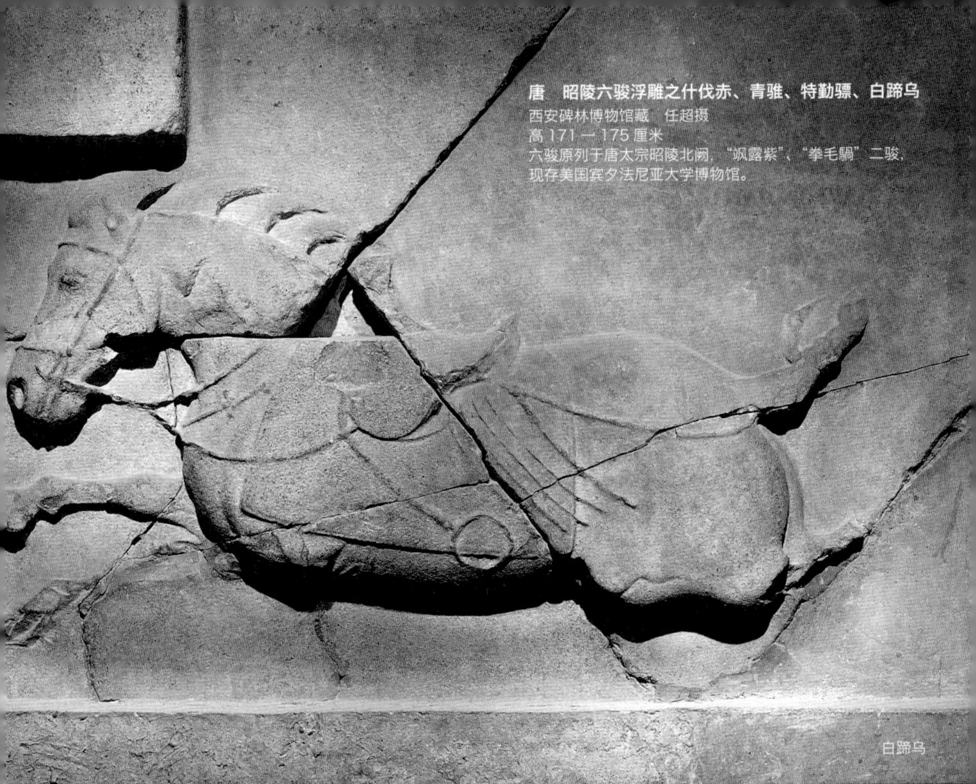

白蹄乌

特勤骠

元 陈及之 便桥会盟图卷

故宫博物院藏

纸本白描 纵 36 厘米 横 774.9 厘米

该卷画唐李世民化干戈为玉帛，在渭水便桥与来犯的突厥颉利可汗结盟修好。展示了游牧民族的各种马上运动，也表现了突厥人的生活风情。

唐　韩幹　圉人呈马图卷

美国大都会艺术博物馆藏

唐代战马中多有以西域马匹改良之马种。图中圉人为胡人相貌；马匹神骏雄健，即属来自西域之品种。

韓幹圉人呈馬

赵武灵王胡服骑射的国策，不仅在文献上明确记录，在出土文物中亦有多方印证。战国时期不仅赵国，秦国、燕国也都受到北方匈奴的侵扰。由于生存条件不一，中原军队与边塞骑马为生的状态差距甚大，加之车战要求地广且平，匈奴骑兵来去如风，中原各国总是吃亏。胡服骑射的国策实际上是以胡制胡，赵武灵王显然头脑十分清晰。

战国时期，群雄割据，战争频仍。与春秋时期不同，领土扩张已不能满足执政者们的胃口，吞并他国的意识增强。春秋单纯的掠夺称霸到了战国变成了更为复杂的政治诉求，奴隶社会向封建社会过渡的节点社会矛盾冲突激烈，只有使用武力才能最终达成统一的国土，或曰统一的文化。西周君主保持天下君主的意识，有能力控制诸侯国之间不去攻击或兼并，而自春秋开始，这种意识及能力下降，天下开始分裂，霸主丛生；到了战国时期，由于经济快速发展，诸侯林立，多方各自称雄的局面阻碍了社会发展，全社会的动荡最终形成了全社会的统一。

胡服骑射帮助赵国训练了一支强大的骑兵部队，这让军队多了灵活机动的能力。春秋战国时期，绝大部分时间及诸侯国都以步兵和战车混合作战，这在平原上优势凸显，可进入山区，优势成为了劣势。马战车的发展由双马到驷马，由轻便到笨重，御者双手执辔，十分需要技巧。对于重型战车，最能发挥战斗力的地方是平坦的原野，坚实的地面，一遇山林水泽等复杂地形，马战车就英雄无用武之地，弊端显现。事实上，因车马在战争中遇林木沼泽阻绊，全军覆没者并不在少数。在骑兵未出现之前，马战车缺点再多，也无替代之虞，但胡服骑射的应用，加之战国晚期铁兵器及强弩的投入战场，单辕驷马战车就不再担任主力兵种，逐渐沦为次要地位，最终遭到历史淘汰。

秦汉骑兵

秦统一六国，首先依赖的是人。商鞅变法，一言百金，重农抑商，重刑厚赏，重战尚武。秦国虽车裂商鞅，但新法未废，仍旧推行。商鞅对秦孝公说：“圣人苟可以强国，不法其故，苟可以利民，不循其礼。”只要可以强国利民，不要墨守成规，也不在乎触动谁的利益。因有此变法，秦国在日后统一六国，为后来两千年的中国仍成为大一统国家作出了典范。

秦始皇统一六国历时十年，以攻韩始，灭齐终，结束了自商周以来贵族诸侯专政时代，从此中国进入了君主专制的帝国时代。以秦始皇陵陪葬坑出土情况看，秦国取六国平天下时，多以步兵为主，庞大似乎无尽的兵俑构成了今古奇观，秦王陵从上世纪七十年代陆续出土的秦殉葬坑的兵马俑客观地证明了历史。

从已出土发掘的一、二、三号坑看，三坑共有战车 140 余乘，驾车陶马 560 余匹，骑兵鞍马 116 匹，各类武士俑 7000 余人。这一数字比例关系可以帮助我们认识秦国军队的构成。武器装备与人之间的关系直接反映了战争的残酷和进化的过程。此时的骑兵数量并不多，与史籍记载秦兵百万，骑兵万余的比例关系吻合，唯独秦兵马俑中的骑兵俑表明骑兵已充分成为军队中的一个独立兵种，昭示着战争中马战车时代已经过去，骑兵时代即将到来。

具体到马战车，秦兵马俑坑出土有四类：指挥车、驷乘车、战车、佐车。指挥车说明战争的专业化，春秋之前还没有证据表明战车中有指挥车，而战国频繁的战争导致乱世出英雄，各国都出现了职业军事家，让战争在体力较量中更加依赖智力较量。驷乘车以乘三人为常态，四人乘驷乘车仅在秦兵马俑坑二号、三号坑各出土一乘，比指挥车还少，因遭焚烧，性质不明，但坑内四种类型车中另三种与战事相关，此车也应功能相同。出土的佐车只乘两人，与三人常态也不同，御手居左，车右居右，佐车又称副车、贰车，功能可以想见；有学者认为这是骑兵早期阶段的雏形，原因是轻便灵活，攻击性强，能带兵打仗。战车轮高舆短，不巾不盖，驾四马，驰驱迅速，是战争中最强大的攻击威慑力量，所以军队以乘计量，故有百乘千乘万乘之说。

秦兵马俑坑的骑兵虽数量不多，但已将骑兵装备——马及兵十分具体化，且细致入微。马身上的鞍辔齐全，只是此时的马鞍与中古时期的马鞍相差较大，此时的马鞍只能称为鞍垫，内无木框，仅为皮革毛毡等软质材料制作，目的是舒适，并不像后来出现的高桥马鞍，目的是限制为主。高桥马鞍让早期马鞍前后平坦变为前后隆起，充分限制了骑兵的前后滑动，由于马的加速骤停都会将力量呈现为前后的纵向力，高桥马鞍未出现之前，骑马非常费力，极容易疲劳。加之秦汉时期马镫亦未出现，骑兵上身力量无法释放，彼时的骑兵优势在于移动速度快，不在于搏杀。所以，秦汉骑兵在战争中往往抵达目的地后下马交战。

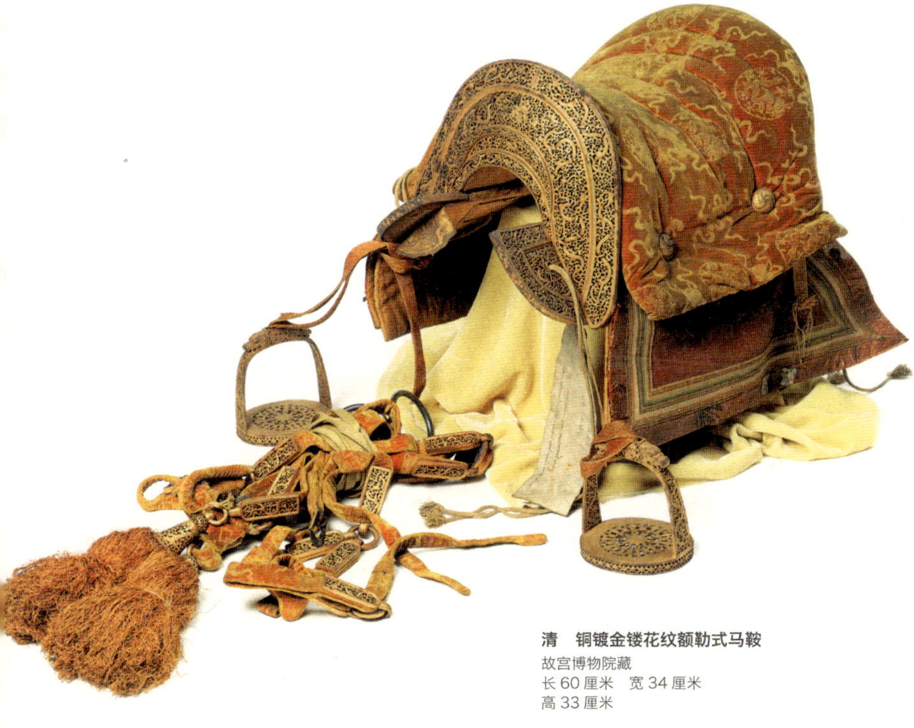

清　铜镀金镂花纹额勒式马鞍

故宫博物院藏

长 60 厘米　宽 34 厘米

高 33 厘米

秦兵马俑坑出土的骑兵俑都以下马站立马前为姿，未见骑于马上姿态，这可能与当时骑兵的主要状态相关，汉以后骑马俑常见，表现出马背上的生涯。秦骑兵俑比兵俑身上的铠甲明显紧凑，只保护胸部，腹部不设甲片，肩无披膊，骑马时灵活任意。这种窄袖短衣，长裤短靴就是所谓胡服，秦兵马俑坑让后世有了直观“胡服”的感受。

汗血宝马是汉马的一个象征。西汉初始，高祖刘邦亲率兵三十二万北征匈奴，汉兵以步兵为主，骑兵为辅，可不料匈奴四十万铁骑以东青西白南黄北黑四色包围。西汉初年连皇帝找四匹纯色马都不易，而匈奴青白黄黑四色马大军令刘邦却步溃逃，颜面扫地。这局面经文景之治的养息，到汉武帝时期，重新北征匈奴。此时的汉军已今非昔比，匈奴的优势不再，元狩四年（公元前119年）大将军卫青、骠骑将军霍去病率兵出征，虽获全胜，但马匹折损巨大，高达十之九，班师时仅剩马匹三万。为强国恢复战斗力，汉武帝不惜动武去西域大宛获取“汗血宝马”。

陕西茂陵出土的青铜鎏金马是汗血宝马的真实写照。其马站立，耳竖目睁，耳如劈竹，目如明珠；鼻吹口张，颈粗臀圆，四肢修长，尾巴上扬，虽静如动，不怒自威。茂陵为汉武帝之陵寝，这应该是西汉良马的真实写照。

1965年，陕西咸阳杨家湾发现西汉墓葬，规模宏大，有学者认为这是西汉大将周勃及子周亚夫家族墓地，出土骑兵俑583件，骑兵多骑于马上，步兵俑约2000件，步骑俑排兵布阵，场面威严。此时已不见战车，人俑个体已大大小于秦俑，只有三分之一。骑兵骣骑，无鞍无镫，与史相符。杨家湾墓葬出土的骑马俑虽不是最早骑马俑，但明显比秦俑中骑马俑实际，骗腿上马，威风凛凛，完全彻底地展现了骑兵的风采。

由秦到汉，是骑兵发展的重要时期。驭马早期最实用的发明是衔与镳。“分道扬镳”说的就是操控，这项发明只限于控制马，并不控制骑者自身的身体。在激烈的战争对抗中，人尚不能在马上完全释放力量，搏杀时甚至搏杀前落马很正常。鉴于此，迟至秦，战争还是在人之间搏杀，骑兵虽已开始发达，仍作为运兵快速反应部队，马上少有对抗作战。尤其秦兵马俑及铜马车等文物的出现，细致入微的马具上均不见高鞍铁镫，极好地说明这个问题。

甲骑具装

汉朝解体之后中国陷入长期分裂，三国纷争后归晋，五胡十六国的侵犯，南北朝的对峙，让中国至少在六个甲子 360 年没能消停。经过秦汉战争的洗礼，军事装备中的马日趋强大，其中附属装备马具的改进，尤其高桥马鞍和马镫在东汉末或更晚至西晋的出现，让战争的残酷升级，出土文物可见一斑。

2001 年陕西咸阳平陵乡北朝墓葬出土一组人马俑，其中黄釉铠甲马引人注目。此马嘴勒衔镳，背上设鞍，周身自颈向下覆盖防护鳞片，双侧附金属镫。鞍与镫作为军事装备已在西晋时期明确无误地装备于马上，让这部战争机器开动时功能更加强大。此鞍虽与唐时完备的马鞍还有差距，唐鞍前高后低，鞍桥凸拱，晋鞍前部尚不足高度，但也明显比秦鞍仅铺软垫不在一个层次。镫的明确出现，让骑兵能完全释放上身力量，使身体左右可控，这就改变了自有骑马以来的尴尬局面，骑兵只优于速度，不优于搏杀。高桥马鞍解决了骑兵前后移动过度问题，金属马镫解决了身体左右摇摆失控问题，人在马上，前后左右可控是一个质的飞跃，这个飞跃让马上战争不仅仅是威慑，更多的是决定生死。

可以想见魏晋以及后来的南北朝时期马上战争的残酷，马全身铠甲就是明证。《宋史 · 仪卫志六》："甲骑具装，甲，人铠也；具装，马铠也。""甲骑具装"是西晋南北朝骑兵的写照，这一时期出土了大量铠甲马与铠甲人，至少说明两个层次问题，首先是马上作战使人马之间直接加入战斗，以前车战的规则，"左旋右掐"、"武礼右还"都不能在马战中遵守，没有规矩的战争最初为士大夫不耻，这点也与欧洲古代战争相同。马上搏杀按老规矩则是死，所以只求结果——你死我活；其次是战争防御意识增强，防护不再是可有可无的摆设，防护御敌若成功则是变相的胜利。这种防护意识在西晋至南北朝时期愈演愈烈，直至重甲弊端的显现，才让历史重新思考利弊得失。

防御不是战争目的，战胜对方才是目的。南北朝时期的重甲马已严重限制了骑兵的战斗力，阻碍了骑兵的发展。1995 年，辽宁北票喇嘛洞墓地出土一套甲骑具装，后经专家修复，仅现存甲片计 3156 片，每片约 16 克，计 50 公斤以上，如再加上衬布、皮绳等，估计当时全套铠甲至少在 60 公斤以上。如此，马的负重由一个人变成两个人，损失战斗力可想而知。

物极必反，甲骑具装在南北朝时期走到极限，至隋唐峰回路转，柳暗花明。

隋唐轻骑

重甲马在中国古代北方曾经风靡，尤其在十六国时期北方辽西地区，这种重甲马具文化对高句丽王朝产生过深远影响，后又影响至三国时期的朝鲜，古坟时代的日本，日本武士及马的装束很长时间还是摆脱不了重甲文化，而中国的隋唐以务实的态度，改重甲为轻甲，轻装上阵，重振江山。

唐贞观二十三年（649 年），唐太宗去世，葬昭陵。他陵墓最为醒目的是伴随他征战的六匹骏马。他们每个都有名字：特勤骠、青骓、什伐赤、飒露紫、拳毛騧、白蹄乌。唐太宗对每匹坐骑都写有赞语，可见他个人的情感。特勤骠，黄马白喙微黑，毛色黄里透白，题赞：应策腾空，承声半汉；天险摧敌，乘危济难。青骓，苍白杂色，赞语：足轻电影，神发天机；策兹飞练，定我戎衣。什伐赤，纯红色，赞语：瀍涧未静，斧钺申威；朱汗骋足，青旌凯归。飒露紫，色紫燕，赞语：紫燕超跃，骨腾神骏；气詟三川，威凌八阵。拳毛騧，黑嘴黄马，赞语：月精按辔，天驷横行；孤矢载戢，氛埃廓清。白蹄乌，纯黑色，四蹄俱白，赞语：倚天长剑，追风骏足；耸辔平陇，回鞍定蜀。

昭陵六骏，在唐太宗李世民一生戎马生涯中功勋卓著，多有负伤，青骓身中五箭，什伐赤身中五箭，飒露紫身中一箭，拳毛騧身中九箭，这些真实地记录了唐太宗与马的关系。这六骏当中，三匹来自蒙古草原，属蒙古马系，三匹属于中、西亚马系。有学者认为，这其中至少有四骏与东、西突厥马种有关，说明唐初的国力。

唐朝的军事强大体现于频繁战事之中多为胜利，这在古代军事史中罕见。唐诗中的边塞诗很多，都可以佐证唐朝的军事思想。“黄沙百战穿金甲，不破楼兰终不还”，“醉卧沙场君莫笑，古来征战几人回。”唐朝军队以气吞山河如虎的气势以攻为主，不在乎一般性机械防御，流行了三百年的重甲马装备卸下，轻装上阵，以席卷之势拓展疆域，创建了大唐帝国。

唐太宗写过一首诗《饮马长城窟行》，这最初为汉乐府古题，相传古长城边有水窟，可供饮马，曲名由此而来。东汉陈琳、西晋陆机、南陈袁朗、隋朝杨广、唐朝虞世南，都在李世民前以此为题赋诗。李世民以其帝王之身，同赋此题，立意高远从容，层次分明递进，韵律优美：

塞外悲风切，交河冰已结。瀚海百重波，阴山千里雪。迥戍危烽火，层峦引高节。悠悠卷旆旌，饮马出长城。寒沙连骑迹，朔吹断边声。胡尘清玉塞，羌笛韵金钲。绝漠干戈戢，车徒振原隰。都尉反龙堆，将军旋马邑。扬麾氛雾静，纪石功名立。荒裔一戎衣，灵台凯歌入。

纵览全诗，气度博大，一副军事治国景象：金戈铁马出征，旌旗金锣凯旋。汉朝之后，中国长期陷入分裂，隋唐的统一，重新燃起大国情结，唐王朝由国都长安北扩蒙古，东北至朝鲜，南扩至越南，向西穿越中亚远至波斯，唐王朝以其军事力量臣服边境各国，统治如此辽阔的国土，没有强大的骑兵不可想象。

金戈铁马

辽、金、元及后来的满族同属游牧民族，只不过契丹、女真及满族不依赖放牧，而多依赖渔猎为生，同为骑马民族，各朝军事力量也与此紧密相关。契丹源于东胡鲜卑后裔，公元936年，趁后唐内乱，获燕云十六州；公元947年，契丹军队攻下后晋首都开封，后晋亡，契丹遂占领中原大部，改国号大辽。辽军依靠游牧特长，欺负宋军不擅马战，于公元1004年在河南濮阳签下“澶渊之盟”，修好百年以上，后与西夏结好，形成辽、宋、夏三足鼎立局面。

女真源出东北，公元6至7世纪称“黑水靺鞨”，九世纪更名女真。女真文化相对落后，因地处白山黑水，以及生活状态不定，练就了一身骑马绝技，史籍载“骑上下崖如飞，渡江河不用舟楫，俘马而渡”，这样一支与马同生共死的部队，战之必胜。灭辽征宋的军事交往中，也证明了这一点，金兵逼得宋室南迁，被迫划河而治。

蒙古一词见《旧唐书》，古东胡语意为“永恒之火”，亦有“同火人”之意。这股永恒之火当它呈现燎原之势时，摧枯拉朽。蒙古人是最纯粹的游牧民族，四海为家，天被地床，马是他们最亲密的依靠。蒙古大军就是仰仗他们与马之间亲人般的关系，将元朝版图扩至中国历史上最大时期。元朝军队有极好的军事用马制度，一人多马，强行军时马歇人不歇，宿营时先安顿战马，给养中草比粮重要。

清人绘　平定回疆剿擒逆裔战图册　册页之三

故宫博物院藏

蒙古大军由成吉思汗率领，自公元1206年起兵，半个多世纪的时间，建立了强大的帝国，全盛期蒙古疆域包括俄罗斯，几乎整个亚洲大陆。他们有极强马上功夫，扭身射箭，百发百中。弓马不废，气力不衰，是成吉思汗要求每个战士的。因为有良马，蒙古大军为战争而建设，呈现了一代旷世辉煌。

满族人借先人女真之光，韬光养晦，蛰伏四百年后东山再起。满族的发源地在中国偌大版图中显得非常不起眼，他们骑马穿梭山林之中，过着让汉族人看来是野蛮的生活。慵懒自负的明王朝，二百多年来每每逢凶化吉，所以怎么也不会把愚昧的鞑子放在眼中，以至于当清朝铁骑兵临城下时统治者尚不知所措。努尔哈赤在他的盛京之地，发明了他的崭新军事制度——旗制，红黄蓝白四色，迅速成为了亚洲那个时期最骁勇善战的军队。清朝每个皇帝都试图保持这个光荣传统，可惜马上戎装只有康熙、雍正、乾隆三帝热衷并身体力行，留下了不少图像。

结语

从人类意识到利益之时，战争就产生了。人类豢养马的初衷，希望马能帮助人使役。可没想到，马在人类可见的五千年文明史中，基本上是战争机器，或曰装备。只不过它是一个有生命甚至有情感的装备，与人一道参与着正义或非正义的战争，让人死或替人死。

早期战争没有马，至少夏代没有马直接参加战争的证据，商代中期开始，马加入了战争队伍，马拉战车，参与战斗。这与欧洲的战争形态无异，人类的文明不同，不文明却趋向一致。商代至周代前期，马战车为战争主力，讲究规矩，搏杀格斗时仍要遵循，所以才有“御者，戎右，多射”之职，所以才有“舆侧接敌，左右旋转”的规则。

春秋五霸，战国七雄揭示着奴隶制向封建制转化时的矛盾，吞并是人类相同的不文明行为。善于学习的古人，发现游牧先驱匈奴骑兵的长处，立刻“胡服骑射”，改变自己的礼数，适应时代的变化。骑兵遂成为天下军事的新生事物。至秦汉，骑兵由少增多，由弱变强，由附属成为主力，最终成就大汉江山。

三国两晋南北朝，国家分裂，枭雄四起。铁器的革命，鞍镫的发明，让天下不再是太平天下，充满了杀戮与血腥。重甲马与铠甲人成为这个时代的宠儿，行动不便的搏杀，让人类知道了生存的意义，甲骑具装如同化妆一样，将人类的丑恶包裹其中，最终又被无情抛弃。

隋有杨坚杨广，唐有高祖太宗，轻装上阵的一代帝王赶上了风水轮流的咒语。骑兵的轻甲——重甲——轻甲，不过一个轮回，哲学的思辨告知社会物极必反，水到渠成。只不过这让隋唐赶上了。轻甲的昭陵六骏，陪唐太宗杀遍江山，虽负伤也光荣，千年之前的唐朝壮士名字有谁知道，千年之前的太宗战马却有六匹名字永垂青史。

辽、宋、金、元、明、清，马在战争中定型，骑兵为重，为机动，为快速，尤其蒙古大军，一路西行，一路南行，一路东行，一路北行，打遍天下无敌手，中国乃至世界文明进程中，马是英雄，却扮演着不光彩的战争机器角色。今天看来，幸亏这些都已成为历史，幸亏这些都已镌刻在历史的长廊之上。

马的蹄痕密布于满族的发展历程。无论是神话传说、英雄故事，还是民众的生活片段中，皆有它们纵横万里，腾跃飞驰。

清人绘　弘历盔甲乘马图轴（局部）

故宫博物院藏

绢本设色　纵430厘米　横288厘米

马、骑射与满族人

沈一民

作为中国历史上唯一一个两度入主中原的北方民族，满族留给我们太多的思考空间。学者们尝试从各个角度去解读满族的成就，尽管答案不一，但马与骑射之于满族的重要性则是不争事实。

马与满族先民

从先秦的肃慎，经挹娄、勿吉、靺鞨、女真，直至清代的满洲，满族经历了民族的嬗变，与马的关系也趋于紧密。囿于文献的匮乏，至今未见秦汉以前的典籍将马与肃慎联系在一起。这或许表明在肃慎人的生活中，马尚未占据一席之地。

迟至魏晋时期，马才出现在满族先民的生活中。《三国志》言及挹娄物产时，“有五谷、牛、马、麻布”。此时的马仅被视为一种家畜。成书于两晋的《肃慎国记》也写道："其畜有马、猪、牛、羊。不知乘马，以为财产而已。"此时的满族只是将马作为彰显财富的一种家畜，完全没有发挥出马的功能，颇有暴殄天物之嫌。正是由于挹娄未能将马的潜力充分发掘，对周边民族的侵扰才完全凭借船只作为交通工具。"其国便乘船寇盗，邻国患之"（《三国志·挹娄传》）。随着满族对马的习性了解益发深入，满族养马的数量骤增。南北朝时，勿吉一次"贡马五百匹"（《魏书·勿吉传》），可见养马量之庞大。

隋唐时期，黑水靺鞨继续向中原输送马匹，如后唐明宗长兴二年（931 年），"黑水兀儿部至登州卖马。"（《册府元龟》卷九九九）随着马的财富与商品属性被充分发掘，马与黑水靺鞨的关系日渐紧密。《旧唐书》记载黑水靺鞨的葬俗时称："死者穿地埋之，以身衬土，无棺敛之具，杀所乘马于尸前设祭。"实行土葬的黑水靺鞨，不讲究墓葬的豪华，却要将坐骑随葬，意欲死者仍能在另一个世界与坐骑朝夕相处。不过，此时的马虽然备受喜爱和珍视，但仍未被转化为直接的战斗力，骑与射还未能有机联合，"人劲健，善步战"。（《新唐书》卷二一九），骑射并非黑水靺鞨最为擅长的作战方式。

经过几百年的驯养与训练，辽金时，女真人驾驭马的能力进一步提高，女真人已能熟练掌握骑射，作为一项技能，骑射被提升到了国家政策层面。大定二十六年（1186 年），金世宗言及国政时提到："西南、西北两路招讨司地隘，猛安人户无处围猎，不能闲习骑射。委各猛安谋克官依时教练，其弛慢过期及不亲监视，并决罚之。"（《金史·世宗纪下》）金世宗将骑射与官员政绩联系在一起，上升到国家层面进行通盘考虑。金章宗时，更是用国家政策的方式确定了骑射的地位。明昌四年（1193年），“勒女直进士及第后，仍试以骑射，中选者升擢之。”（《金史·章宗纪二》）。对于普通女真人，章宗则要求“不得用网捕野物，及不得放群雕枉害物命，亦恐女直人废骑射也”（《金史·章宗纪一》）。而宋人眼中的女真人，骑射成为了他们的身份标签，“勇悍善骑射”（《大金国志》卷三九）。骑射不仅意味着战斗技能的跨越性突破，更重要的是使人与马融为一体。马成为女真人最为主要的交通工具，可以驮着主人翻山越岭、渡江跨河，这对于生活在森林茂密，河湖密布的东北地区的女真人尤为重要。“缓则射猎，急则战斗”（《大金国志》卷三九），骑马扩大了女真人的活动半径，骑射增加了狩猎成果，也成为展示自身强健、增强团队合作的手段。女真人对狩猎达到了一种痴迷的境界。完颜阿骨打声称:“我国中最乐无如打猎。”（《三朝北盟会编》卷四）狩猎演变为女真人的娱乐活动，“凡酒食会聚，以骑射为乐”（《金史》卷八〇）。从出行到狩猎，从日常生活到军事战斗，女真人处处都离不开马。

马背驮起清王朝

金朝亡于亦以骑射著称的蒙元，而诸多研究表明，满族的马也来源于蒙古马，虽经长期舍饲管理和使役锻炼，其体形结构和工作性能稍有改变，但仍保留蒙古马的一般特性和特征。在不断的改良过程中，满族的马具备了“耐久、健壮、有力、训练好、体型佳”等优点，“宜于培养成战马”，“敏捷快速，看到它们在崎岖山上奔跑如履平地，是一大享受。至于体型和强健，它们不输于欧洲或阿拉伯，乃至全世界的马匹。”（帕莱福《鞑靼征服中国史》）日本人对满族的马则有更科学的观察：“满洲马是驴子的血统，腿短、个儿矮，跑的时候也不象英国纯种马那样，前后蹬开，四蹄飞驰；而是迈着小步急急忙忙地四条腿紧倒腾着跑。”（草柳大藏《满铁调查部内幕》）

骑射之俗并未随金朝的倾颓而消失，活跃于白山黑水间的女真人依旧终日与马为伴。在明朝文献中，描述女真人精通骑射的例子不胜枚举。景泰年间的《寰宇通志》载女真人“无市井城郭，逐水草为居。以射猎为业”，“少事耕种，养马弋猎为生”。万历时期的《方舆胜略》则称女真“其俗勇悍，喜战斗，耐饥寒，善骑射。上下崖壁如飞。济江湖不用舟楫，浮马而渡。好畋猎，每见野兽之踪，蹑而求之，能得其潜藏之所”。

由于明代的女真人依然保持了骑射的习俗，当努尔哈赤将一盘散沙般的女真人统合在一起时，他们便爆发出惊人的战斗力，不仅成就了将领们的卓越军功，也形塑出新的满洲共同体，底奠了清朝的丰功伟绩。由能骑善射的满族士兵组成的八旗军队是冷兵器时代所向披靡的劲旅。萨尔浒大战中，朝鲜曾派遣姜弘立率领朝鲜军队协助明军进攻后金。参与战斗的李民寏记录下自己在战场上所见的点滴瞬间：“夕阳下但见射矢如雨，铁马进退，而恍惚难状矣。”“见浙兵数千屯据山上……胡数百骑驰突而上，浙兵崩溃，须臾间厮杀无余，目睹之惨，不可胜言。”（《建州闻见录》）尽管李民寏并没有刻意营造八旗军队所向披靡之势，但是字里行间流露出的恐惧

仍令人震撼。传教士更是不吝辞藻地描述八旗军队攻城的情景:

进行攻打的是骑兵，由执旗的将官领头，但他们并不作多少准备。他们只把大量的梯子绑在马尾上……作好准备后，旗手策马飞奔，凶猛地直抵城下，其余军队立即跟进，他们呼啸呐喊，叫敌人恐惧害怕……尽管敌人的炮不断向他们射击，尽管有大量人员伤亡，仍不能阻挡他们的猛烈进攻……他们就这样进至城墙下，然后最前的人下马，把马匹当篾笼和栏杆。这时把梯子搭上城头，他们无比英勇地爬上去……”（《鞑靼征服中国史》）

而在民间文学创作者口中，清王朝的缔造者更是与马缘分匪浅。《七星泡》载努尔哈赤小时“成天打猎。他身上穿的那张野猪皮和骑的那匹大白马，是他的心爱物”，“那匹大白马，已成了他的伙伴，更是寸步不离。他吃啥，给大白马吃啥。进山打猎也多是信马由缰的，大白马愿意往哪去，就往哪去”。贫贱中的努尔哈赤没有朋友，大白马是他最忠实的伙伴。《小罕逃生记》更是将清朝国号的由来与马附会在一起。被“辽阳的李总兵”追杀的努尔哈赤偷取了李总兵家的两匹青马踏上逃亡之旅。努尔哈赤成功脱险，两匹青马却被累死，悲恸之中的他发愿，若一朝称帝，国号就叫大清（青），为的是“要永远记着你两个”。另一个版本也如是说，“罕为了纪念大青马、二青马而立国号为‘大清’”（《大清国号的由来》）。而自清太宗皇太极确定“国语骑射”政策，历代清帝对骑射的强调更是不绝如缕。

生活中，满族人也与马亲密无间。清初的传教士看到：“他们

清　郎世宁　果亲王像轴

故宫博物院藏

绢本设色　纵 263 厘米　横 162.4 厘米

最骄傲的是他们有好马，总是为马而忙碌；可以说这是他们最大的爱好，也是从小时起他们唯一的工作。他们对马的照顾无微不至，而马也完全照主子的意思行动，好像人马心灵相通。因为它们被训练得可以说不仅服从缰绳的指挥，甚至还遵照它们主子的意图。”（帕莱福：《鞑靼征服中国史》）从幼年开始，满族人就开始学习骑马。1619年在萨尔浒大战中被俘虏的朝鲜人李民寏曾看到，“十余岁儿童，亦能佩弓箭驰逐”（《建州闻见录》）。嘉庆年间来到黑龙江的西清提到，索伦部的幼童从三、四岁开始学习骑马，到了十岁，已经可以熟练驾驭马匹（《黑龙江外记·卷四》）。满族民间传说也有类似记载，《爱新觉罗的起源》中，“六七岁儿童就开始练习骑马射箭”。《库尔金学艺》载：“在早头，满人讲究马箭功。男孩七、八岁就学盘马弯弓啦。”虽然给定的初学年龄不同，但是自幼学习骑射是民族共同记忆。马还是一种殉葬品，“鞑靼人的风俗是，当任何一个有身份的人去世时，要把许多准备在阴间伺候他的奴婢、女人、马匹，连同弓矢，都投入殉葬的火里”。（卫匡国：《鞑靼战纪》）从生到死，马陪伴主人走过了或是平凡、或是跌宕起伏的人生。

不仅男子自幼骑马，满族女子也不甘人后。清军入关前，“女人之执鞭驰马，不异于男”（《建州闻见录》）。清军入关后，女子的骑马风俗仍然保留，“他们骑马，敢于打仗拼命去战斗。”（《鞑靼征服中国史》）。民间传说更是将精于骑射作为满族完美女性的标准之一。《拜满章京的孙子》中聪明美丽的凤凰姑娘“骑马、唱歌、驯鸟无所不会”，《珠浑哈达的故事》中，英雄英森库尔的妹妹“上马能开弓，下马能织罗，也是百里挑一的好姑娘”。

满族对骑马的热情和在骑术方面的创造力，让他们摸索出各种骑马花样："有的鞑靼人把缰绳挂在腰间，只用身子的移动随意指挥马匹，叫它跑圈，作种种训练。用这个方法他们空出手来使用弓箭。有的人则用同一手执弓和缰，同时方便地放箭和驾御马匹。"（《鞑靼征服中国史》）民间传说中关于高超骑技的罗列如数家珍：

马上功就有卧马伎，立马伎，滚马伎。马扬鬃竖尾猛跑，冷丁双手一摁马背，往身后猛地一纵，骑在后边跑来的马背上，这叫"过梭"。烈马奔跑，侧身滚纵在旁边跑马的脊背上，叫"滚边"。上马名堂也不少，什么纺车上，反背上，抓鬃上，夺鞍上，全凭机灵勇敢。马箭功，功夫更深啦！讲究身稳，眼尖，臂平，力大，什么左手箭、右手箭、兜底箭、花马箭、旋身箭，箭箭要中"月子"，不能张啦、误啦、裹啦。这些硬功夫，非得习学精熟不成，不单要求架势好看，而且要求动作准确、干净、利索！（《库尔金学艺》）

马匹经济学

自勿吉开始，马的经济属性就被发掘出来，作为商品，马与貂皮、人参一起被大宗输出。明朝为获得马匹，沿北部边防线开设了开原南关马市、开原城东马市、广宁马市、大同马市、宣府马市等五处马市，五处有三处设在东北，这不仅体现了明朝对东北马匹的大量需求，也反映出马匹作为重要物产，亦是女真人的重要商品。根据现存的档案，万历元年（1573年）九月，共开马市两天。其中十八日，女真人共卖马143匹。二十一日，卖马64匹。万历四年（1576年）十二月，“脱脱”带领的女真人前往贸易，共卖马39匹。“者儿盖”带领的女真人卖马21匹（见于《明代辽东档案汇编》）。

就数量而言，女真人卖出的马似乎并不多，但如果折算成白银，这却是一笔巨款。王鸣鹤记载了万历时的辽东马价，“不论瘠肥，每匹价十四两”（《登坛必究》卷三八）。以十四两白银一匹马计算，143匹马就是2002两白银，21匹马也有294两之多。当时北京衙门中的吏，年薪多者逾145两，少则逾7两。由此，不难看出一匹马具备的极大价值。

马的财富象征功能也非常显著。《尼山萨满》中，为了形容“巴尔杜巴颜”的富有，讲述者写道：“员外家中生活非常宽裕，可供调遣的奴仆、马匹、骡子等简直多到难以胜数。”《小铜锣》中，以“有房，有马，有地，还雇着短工”来形容奇尔萨家庭的富有。《高底木鞋的来历》中，邪恶的古顿城城主哈斯古罕垂涎于多罗甘珠格格的美貌，奉上的贵重聘礼有“四十匹马、二十罐米酒和一对玛瑙石匣”。此外，讲述一匹可以生产金子的金马驹的故事，不仅流传于吉林省梨树县，在辽宁岫岩、丹东一带也盛传不衰。马匹多不仅是衡量满族富有者的指标，也是衡量部落强盛的标志。《勇敢的阿浑德》中，在讲述女头领西伦妈妈的部落如何强大时，提到了“九十群牛马”。

纵观满族的民族发展史，马一步步走入满族的生活，从最初的畜养动物到有价值的商品，再到朝夕相处的伙伴。骑射的出现并广泛应用，更使满人与马的关系水乳交融。与马儿有关的一切，也渐渐烙印于满人的生命历程，深深嵌入到满族的民族性格之中。

清　绵亿　猎骑图册

故宫博物院藏

册共四开　每开纵 14.2 厘米　横 17.8 厘米

所绘为清代骑士射猎活动，内容依次为拈箭查验、枪击飞雁、策马追狐、弯弓射鹿。

清　郎世宁　八骏图卷（局部）
故宫博物院藏
绢本设色　纵 51.2 厘米　横 166 厘米

龙性难驯

龙与马都是中国人的古老图腾。
神异之龙无人得见，祥瑞之马却不只是传说。
九五至尊的皇帝，
也将高贵风骨附会于马——不以随御驾而自矜，
仍保有精神的超迈、自由。

古代皇帝号称受命于天，以「龙种」自诩，伴随他们的坐骑，也往往被认为血统高贵。贤才遇明君，就像好马伴英雄，一朝沟陇出，看取拂云飞。征伐之苦，日用之劳，还有逸乐嬉游……御马的经历与命运，也自然牵系于皇家。

唐　鎏金舞马衔杯纹银壶

陕西历史博物馆藏

高 18.5 厘米　口径 2.3 厘米

银壶造型仿北方民族皮囊和马镫形状，反映唐玄宗时受驯舞马的形象。

龙马杂说

王　戈

马，虽然被驯养的时间晚，却居于六畜之首。古人更常常以“龙”喻之，如“龙种”、“龙性”皆是对良马的赞美与褒扬。杜甫诗中赞唐玄宗“玉花骢”马—“斯须九重真龙出，一洗万古凡马空”；写皇家御马—“矫矫龙性合变化，卓立天骨森开张”；翁绶夸白马—“渥洼龙种雪霜同，毛骨天生胆气雄”；苏轼咏昭陵六骏更直言—“天将铲隋乱，帝遣六龙来”。马被神化为龙的后代，有身高的原因，如《尔雅》、《周礼》、《说文》皆云“马八尺以上为駥（龙）”；有能力的原因，如《礼记》曰“河出马图”，能入水、善变化的当然是龙马；也有不明原因的原因，如《魏书·吐谷浑传》等记载，在青海边散养母马，“至来春收之，马皆有孕，所生得驹，号为龙种”（其实是遇到了野马的种群），但最重要的原因，恐怕还是与其飞一样的乘骑感受分不开。

孫孫永保鑒之
烏雲一朵簇銀蹄畫內還看世鮮齊展識明皇親試馬宣和餘得瘦金題
乾隆御題

清　墨拓韩幹明皇试马图（局部）

故宫博物院藏

纵 96 厘米　横 53 厘米

马的优劣的核心标准在于速度，称好马为“千里马”，即日行千里之意。不过这一“标准”又必须以用途为前提，如耕夫将马视作农具，因其坚忍耐劳；行旅将马视作依靠，因其负重识途；官员把马视为待遇，在于有规模排场；将军把马视为战友，在于能配合厮杀；唐玄宗视马如演员，“衣以文绣，络以金银，饰其鬃鬣，间杂珠玉”，奏《倾杯乐》曲，令其“奋首鼓尾，纵横应节”（《明皇杂录》）；王武子视马如模特，“正旦则柳叶金障泥，上元则满月鞯，清明则剪水鞭，重午则笼娇靸，中秋则玉栊总络头，重九则蝉儿蹬，春秋社则涂金靸，冬至则嘶风蹬，除日则药王鞍”（《马癖记》）。马之为用，从马名也可略得头绪：如始皇帝马名“追风”、魏武帝马名“绝影”，皆因其快；周穆王驭八骏巡天下，马名为绝地、翻羽、奔霄、越影、踰辉、超光、腾雾、挟翼（另说为赤骥、盗骊、白義、逾轮、山子、渠黄、骅骝、绿耳），以显其神；至于唐玄宗的红玉辇、紫玉辇、平山辇、凌云辇、飞香辇、百花辇，则唯余香艳而已，白白糟蹋了六匹汗血宝马。相比之下，“文帝却马”不仅能看到物尽其用的英明，更能感受到几分惜物爱才的慈悲，而汉文帝拒绝接受所贡献的千里马的原因，也于客观中透着幽默—“鸾旗在前，属车在后，吉行日五十里，师行三十里，朕乘千里之马，独先安之？”然而，毕竟汉文帝这样的君主，亦如千里马般难得。所以，天下的好马到底还是要源源不断的进入宫廷，终于为“龙”所用的，于是也就再没有了至于千里的机会。

清代虽以“国语骑射”为立国之本，奈何“王旅不亲征”，其禁中的御马也不过是仪仗铺陈排场的一部分和戎装御容写真的活道

清　竹雕伯乐相马图笔筒

故宫博物院藏

口径 15.4 厘米　底径 15.3 厘米　高 17.4 厘米

明摹本　元周朗绘佛郎国献马图卷（局部）

故宫博物院藏

纸本白描　纵 30.3 厘米　横 134 厘米

画面中译官将一被称作“天马”的法国马引向元帝，描法纤柔，用墨清淡。

具。清康熙十六年（1677 年）将前朝的御马监更名为上驷院，其衙署仍置于紫禁城内文渊阁以北，箭亭、御茶膳房以南，三座门以西的位置。上驷院隶属于清内务府，为皇家马政的管理机构，掌管皇家御马，以备皇帝巡幸、谒陵及秋狝行围。上驷院设有具体负责养马的御马驼厂，分为禁城四厩、皇城内五厩和京郊七厩，常年保持着七百余匹马的饲养规模。其中禁城四厩为御马厩（畜养马匹专供皇帝御用）、副马厩（畜养马匹主要作为御马的备用）、仗马厩（畜养仪仗马三十匹、祭祀用马四十匹、驽马二十匹，较御马逊色）和花马厩（马非良种，以供散乘，较之仗马更为逊色）。御马厩、副马厩的上乘马匹，来自于蒙古各部的朝贡及边疆马群中的精选。贡马均由钦派试御马大臣和侍卫试骑后分为六等，择优入选为御马。御马入厩伊始，便于左臀烙“御马”圆印，每日由厩长一名、厩副两名、厩丁二十、草夫三十六，负责日给其黑豆一升五合、米二升、麦麸四升、草十四斤的食物。每日由侍卫选毛色一致的四匹御马，备齐鞍辔立于景运门外待命。逢皇帝驻跸圆明园，则用六匹御马立于宫外值班。外出巡幸等亦需御马若干。每年冬春之际，由八名侍卫试乘御马，有不驯者淘汰入驽马群，内厩御马、内马数额不足时则由外厩补足，外厩不足时由驽马群中精选。除了马饰讲究、草料精心，御马死后也能得全尸埋葬，可免剥皮交于武备院的下场。

时至今日，每年的春天上驷院周围仍是满目青青，或言中多牧草，而那些曾经“骨耸筋高脂肉壮”的神龙别种，却早已如风般消散。或许人们更易感受到“古道西风瘦马”的惆怅，却难理解“马肥甲重士饱喘”的悲凉。宫中的御马们奢华而平凡的生命，永远不可能像昭陵六骏们一样给人带来鲜活的感动。只有一件小事，或可让结局的画面还能稍显美好：

清雍正元年（1723年）八月二十六日，距离圣祖康熙帝入葬景陵还有五天的时候，亲往参加奉安大典的雍正帝对陵寝官员说："圣祖仁皇帝卤簿之内备鞍马匹向在御厩，俱曾经皇考乘骑，应送至达里冈爱，交与福寿敬谨收养，俾之终老。若有私身骑用及抵换者，事觉即行正法。"那些曾经背负着康熙帝南征北战的御马，最终奔向了梦里的故乡—蒙古达里冈爱大草原……

明人绘　射猎图轴（局部）

故宫博物院藏

绢本设色　纵 106.7 厘米　横 124.8 厘米

古代中国社会，龙马之说历时久远、内容丰富。
在史籍、小说和神话中钩沉索引，随之显现的，
除了龙马的多种形象和寓意，
还有观念承袭嬗变、多元文化交融的民众精神世界。

唐　葵花双马纹镜

故宫博物院藏

径 23.9 厘米

内区主纹饰为两匹骏马，身带翼，踏在盛开的花朵上，天上是衔花枝飞翔的大雁，外区为云纹、花叶纹。线条流畅娴熟，特别是双马装饰，较为少见。

龙马的历史进化

李艳茹

“龙马”之意象早已为中国人所熟知。早在西周，这一名词就已出现，其意义随时代发展，经历了多重演变，龙马的形象，也纷纷以不同样貌呈现。

最早出现的龙马，其实是马的一种。《周礼·夏官司马·廋人》载:“马八尺以上为龙，七尺以上为騋，六尺以上为马。”宋人陆佃认为八尺以上的马本就少见，且外形与龙相似，故以龙相称（《埤雅》卷十二）。另一种更合理的解释来自林梅村先生。他认为古代中国西北地区的吐火罗人是敬奉神 nāge（或为 nāke）的，而其原型就是马，同时“nāge”与梵语“naga”在被译成汉语时都是“龙”。“龙”与“马”有了共同的联系。进一步分析，周地近夷狄，对马的认识受到类似吐火罗人的西北少数民族影响。这一时期，中国古代的龙其实就是一种另类的马，只是后来少数民族西迁，中原人不知晓其中关系，才把龙神秘化了。

神秘化后的龙所指对象发生了改变，而“龙”与“马”的关系依旧密切，龙马也有了神异色彩，进而成为祥瑞之物。《论衡·龙虚篇》云：“世俗画龙之象，马头蛇尾。由是言之，马、蛇之类也。”可见龙的确像马。若以闻一多先生的“图腾说”解释，龙是以蛇图腾为主体的部落兼并其他弱小部落，并将马、鹿、鱼等图腾合并融入自身的结果。另外，到汉代龙定型时，已与祖先和皇权政治相联系。据《史记》载，秦始皇被称“祖龙”，高祖之母刘媪梦与蛟龙交。君权神授思想下，谶纬之说盛行。《周易·系辞》中的“河图洛书”一说即其产物，孔安国解释：“河图者，伏羲氏王天下，龙马出河，遂则其文，以画八卦；洛书者，禹治水时，神龟负文而列于背，有数至九，禹遂因而第之，以成九类。”“龙马”与“神龟”出现是为彰显圣德。南北朝时期，龙马祥瑞说已基本定型。梁孙柔之撰《瑞应图》，言及龙马为神马，为河水之精。高八尺五寸，长颈，胳上有翼，旁有垂毛，鸣声九音。有明王则现。

类似河水出马的故事在中国古代还有很多。《隋书·西域传》载吐谷浑放马于青，“言得龙种”，“尝得波斯草马放入海，因生骢驹，日行千里”。这些“水马”多半是生活在人迹罕至、水草丰美之地的野马，捕获它们的人为夸耀马之神异，假称其出于水。吐谷浑所言“得龙种”，也不过是让驯服的马与野马交合得到优良品种。马的生活不可无水，却并非如传说中那样“生于水”。因为龙成为水神，“水马”传说就进一步与龙相联系。

汉代以前，龙就是中国人的神物，随着宗教的兴起，龙的意义

清　三彩海马纹盘

口径 27.3 厘米　底径 15.5 厘米　高 5.4 厘米

故宫博物院藏

又有了变化。道教的神仙驭龙飞行，龙马同样与神仙道士有了瓜葛。秦汉时人们生命意识觉醒，渴望长生，神仙方术盛行，马亦被神化，赋予超自然的属性。神马能长生不老，还可将神性传导给接触过它的人。《山海经》所记之乘黄，就属于有龙的特征的神异之马。乘神马者得以成仙，而神马也为仙人所有。据《洞冥记》所载，神马步景本是道教神仙西王母骑乘之物，由于犯了错误，偷食了东王公的芝草才受到惩罚，被神仙弃而不用，为东方朔所得。这则故事可谓开龙马或神马受罚而下凡为马之先河。唐代小说中也有龙犯错受罚为马的故事。据《传奇·许栖岩》载，进士许栖岩从蕃人手中得一瘦削之马入蜀。有卜人言此马为龙马。过蜀道时，人、马皆坠入万丈崖底，却因祸得福而游仙境。仙境中的道士说此马为“吾洞中龙也。以作怒伤稼，谪其负荷。子有仙骨，故得乘之”。许归来后将马放之渭滨，马化龙而去。《西游记》中的小白龙因犯天条，不得已变化为马，似是这一主题的延续。

其实《西游记》故事就是佛道杂糅的，佛教对“白龙马”的影响也很明确。佛经传入的汉化过程中，印度的那伽(naga)就被改为龙。本土龙的概念也受佛教影响而改变，进而成为专门的水神。佛经中提到了龙王，道教也随之建立起四海龙王的系统。唐时始封四海龙王，宋徽宗时，昭天下五龙神皆封为王爵。龙王成了一种既与佛道有关、又能与佛道诸神相抗衡的独立神祇。《西游记》中的四海龙王已有明确的称呼和地位，成为了人格化的神；第三十回中，白龙马为救唐僧刺杀黄袍怪，就突出表现勇敢、忠诚等人格特征。

唐三藏得到小白龙，离不开观音菩萨，神送马事也可以找到域外的线索。印度《梨俱吠陀》赞歌中讲，司马之神阿修因深嘉国王秡头的虔诚，用神力为其创造了一匹肢体雄健，丰尾骏足，具九十九层之力，战斗必胜，有升天之资的白马。这匹马奉国王之命经行国内，杀尽远近一切恶蛇毒龙，使人民安居乐业，因而受到供奉。佛经吸取了吠陀经典的许多元素，印度故事也随佛经传入中国。《高僧传》中，进一步将神赠马故事与中国僧人联系："（晋沙门昙邃）止河阴白马寺……，常于夜中，忽闻扣户，云'欲请法师九旬说法'。邃不许，固请乃赴之，而犹是眠中。比觉已身在白马岛神祠中。……至夏竟，神送白马一匹，白羊五头……。"僧人接受了神馈赠的白马，白马岛之神虽没有明确身份，却也像是司马之神的化身。

自佛教传入中国，许多僧人不远万里取经，单人只马，肯定经历了重重困难。《西游记》以传说已久的龙马当作具有神龙所化之白马，担当取经重任。将龙马写作龙王的三太子，既侧面反映了龙王为神祇的观念，还体现了龙贬谪为马的主题，亦突出了取经须有龙神为马相助，可谓是集历来"龙马"含义之大成了。

清　墨玉负书卧马

故宫博物院藏

清统治者马上得天下，也坐拥天下骏马。外国画师以西洋技法刻画，御苑名马生动逼真，受画者们的微妙心态，也在画中时隐时现。

我行西南馳驅萬里蜀道既平筰馬孔駛
聖德廣覃

清 郎世宁 果亲王允礼像册（局部）
故宫博物院藏
绢本设色 纵三一・五厘米 横三六・七厘米

他者的目光

郎世宁写实骏马的背后

聂崇正

朱塞佩·迦斯底里奥内（Giuseppe Castiglione）汉名郎世宁，意大利米兰人。1715年（康熙五十四年），他从海路来到中国，北上京师，康熙末年以画艺供奉中国皇室，雍正、乾隆年间的许多重要事件都在其笔下得到反映。

郎世宁的绘画题材相当广泛，其中有很多都是以马为题，大致可以分为两类：一类是奉皇帝之命对照真马所画的写生画。这些马都是蒙古族、维吾尔族、哈萨克族等向皇帝进献的贡品，代表作如现藏故宫博物院的《自在驈图》轴、《英骥子图》轴、《万吉骦图》轴、《阚虎骝图》轴；藏台北故宫的《爱乌罕四骏图》卷以及巴黎吉美博物馆的《哈萨克贡马图》卷等。许多画上还写明马的名称，是由何部落何人所进献，马的色泽、身高、体长等，描绘上又极为细致

清　郎世宁　万吉骦轴

故宫博物院藏

纵 238.5 厘米　横 269.7 厘米

清　郎世宁　阚虎骝轴

故宫博物院藏

纵 270 厘米　横 240.3 厘米

逼真。还有一类，是郎世宁根据自身的观察体会而创作。画中之马并不确指某一名驹，而是在综合、融汇各种马匹形象的基础上创造出来的。代表作有台北故宫收藏的《百骏图》卷、《八骏图》轴、《云锦呈才图》轴（画中为八匹马）；故宫博物院收藏的《八骏图》卷（又称《郊原牧马图》卷）；江西省博物馆收藏的《八骏图》横幅；镇江市博物馆的《双骏图》卷；上海博物馆收藏的《马图》册等。由于郎世宁不是对着某匹名马写生（但是又有十分写实、写生的基础），所以更能充分发挥想象力，所绘马匹也显得更为活泼自然、生动有趣，艺术性似乎高于第一类。

马深受中国人厚爱和重视，也是画家极喜描绘的传统题材。绘画史上，历代可见画马能手，如唐朝的陈闳、韩滉、韦偃，五代的胡瓌、李赞华，宋朝的李公麟，元朝的赵孟頫、赵雍、任仁发，明朝的张穆等。郎世宁是外国人，笔下的马匹自然与中国画家作品区别明显。郎世宁画马，观察方法是欧洲的，偏重于写生，描绘时注重马匹的解剖和结构，其皮毛质感的表现，用细密短促的线条来塑造马匹的外形；而传统中国画家在创作时，观察物象时偏重于感悟、记忆，偏重于总体的把握，注重默写，手段则是以延绵不断的线条来描绘马匹的轮廓，线条讲究弹性和韵律感，所以二者在外观上就有相当大的差异。我们在观赏郎世宁的作品时，便能够感受到这种差异。

郎世宁还画过鹰、鹿、虎、猿、犬等许多动物，但数量远远不及马。究其原因，首先应当是蒙古、西域等地盛产良马，当地首领不断入贡，使得郎世宁在客观上有条件描绘御苑名马；更深一层的原因则要到中国传统的文化意识中去寻找。中国古代绘画中的动物或植物常富有象征意义，比如竹寓意清高、气节，松树象征长寿，骏马则常被喻为出类拔萃的人才。相传春秋时期伯乐善相马，能辨识千里驹，后来就有了“伯乐一顾”这一成语。《战国策》中还有“千金买马骨”的故事。燕昭王“卑身厚币以招贤者”，郭隗说：“臣闻古之君人，有以千金求千里马者，三年不能得；涓人言于君曰：‘请求之。’君遣之，三月得千里马，马已死，买其骨五百金，反以报君。君怒曰：‘所求者生马，安事死马而捐五百金？’涓人对曰：‘死马且买之五百金，况生马乎？天下必以王为能市马，马今至矣。’于是不能期年，千里马至者三。今王诚欲致士，先从隗始；隗且见事，况贤于隗者乎？岂远千里哉？”后人以“千金买骨”比喻求贤若渴。而郎世宁大量的画马作品（除去描绘进贡的马匹之外），则是为了说明社会上的人才遇到太平盛世，为明君所赏识和重用。郎世宁不厌其烦地反复画着姿势大同小异的马匹，这样做也是为了要博取皇帝的欢心，感激其知遇之恩。

而且，画马作品中尤以“八骏图”为最多。据传古代周穆王有八匹良骏，一说是赤骥、盗骊、白义、逾轮、山子、渠黄、华骝和绿耳（见《穆天子传》）；另一说为“王驭八龙之骏，一名绝地，足不践土；二名翻羽，行越飞禽；三名奔宵，夜行万里；四名超影，逐日而行；五名逾辉，毛色炳耀；六名超光，一形十影；七名腾雾，乘云而奔；八名挟翼，身有肉翅”（见《拾遗记》），周穆王曾经驾驭这八匹骏马遨游西方。郎世宁经常画的八匹骏马用的就是这一典故。康熙、雍正、乾隆在位期间，国力日盛，尤其乾隆时，在西北用兵屡战屡胜，相继平定了准噶尔部达瓦齐和阿睦尔撒纳以及回

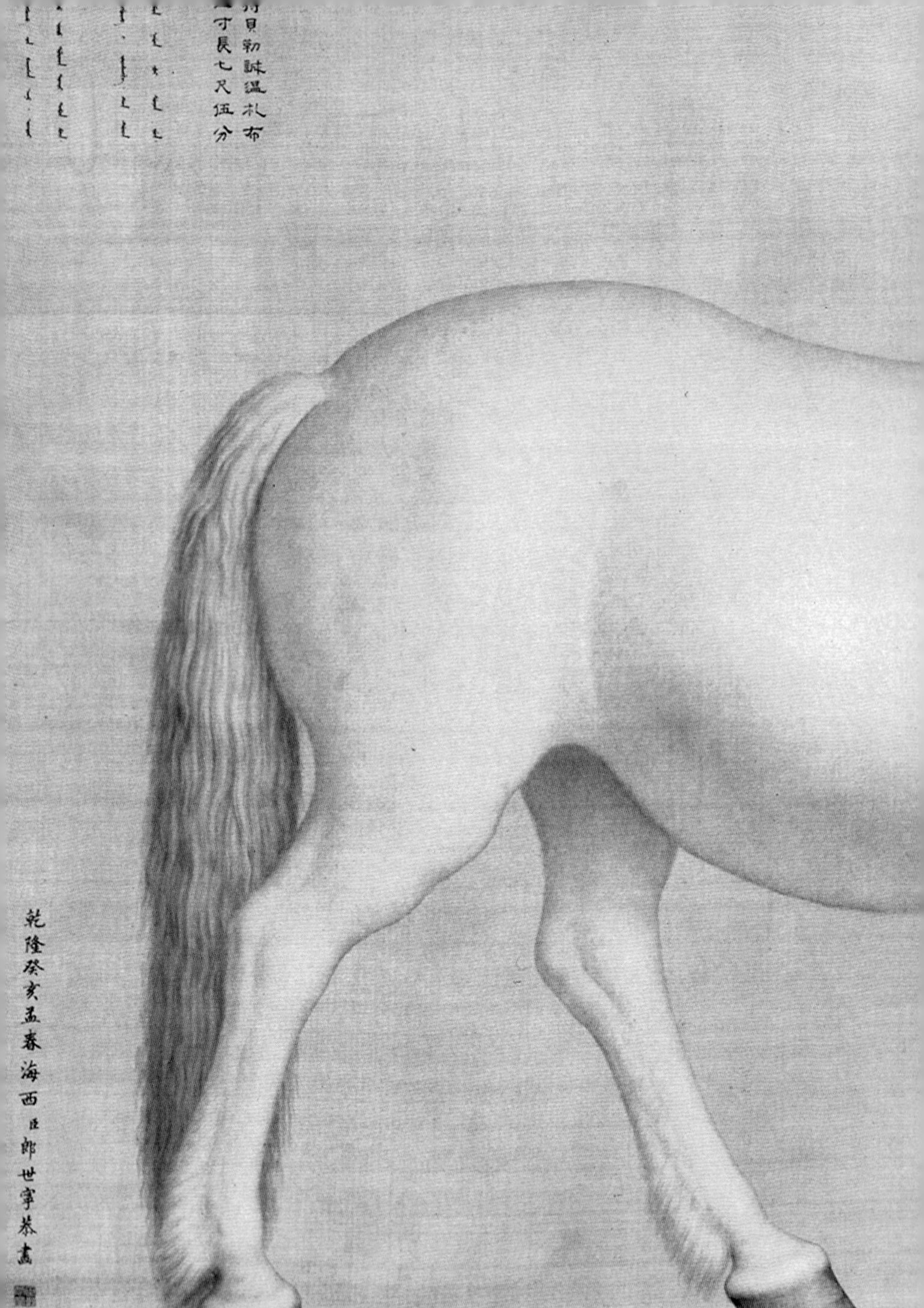

清　郎世宁　英骥子轴（局部）

故宫博物院藏

纵 238.5 厘米　横 270.2 厘米

展倜儻以權奇聯遺逸以容与
横秋風而流英撲春雲而如舞
涵泳德於逸才正當年而遇
主缺七十之馮唐比廿四之鄧
禹
臣
張照恭贊

清　郎世宁　百骏图卷

台北故宫博物院藏

绢本设色　纵 94.5 厘米　横 776.2 厘米

绘姿态各异之骏马百匹，放牧游憩于草原的场面。马匹或卧或立、嬉戏、觅食。全幅色彩浓丽，构图繁复，形象逼肖。马匹及树干上的阴影表现，以中国传统的渲染方法来完成。

部的波罗尼都、霍集占（亦称大小和卓木）的叛乱，西北各部纷纷归附，“西陲万馀里，城无不下，众无不降”，乾隆帝踌躇满志，自诩“十全武功”。而御用画家郎世宁一而再再而三地描绘“八骏图”，用意也是显而易见的，即以笔下的骏马来歌功颂德。除了最直观的矫健骏马，似乎还能感受到帝王由此产生的满足和慰藉。

还有一点值得注意。由于郎世宁是在清朝的皇宫内廷作画，所以绝大部分画幅上，署款都按照一定的格式书写，在姓名前冠以“臣”字，如“臣郎世宁恭画”等，表明专为皇帝而画。然而尚有个别的郎氏作品，姓名前没有冠以“臣”字，这其中也包括画马作品。

《八骏图》横幅（江西省博物馆藏），绢本设色，画幅的左边沿署款曰：“郎世宁敬画”，下钤印章两方：“郎世宁”、“写生”。画面本幅上有题诗一首：

郎卿画马非画马，凭仗秃笔写胸臆。八骏依然十骏同（世宁曾奉诏画十骏图，现贮于内府），夹镜连钱表奇特。就中两两竞相啮，雾鬣风毛互怜惜。一匹眠沙气自昂，一匹龁草神偏适。卓然一匹森天骨，有买讵惜千金掷。四蹄雪白影飞空，骁腾讵数奔虹赤（唐太宗时马名）。怪来一马形最羸，崚嶒并露十五肋。只恐长怀万里心，众中牵出无人识。谛观尽是神龙种，分明汗血来西极。等闲羁勒未可施，俊气篇云骑不得。吁磋乎！当年不逢韩斡手，世岂知有照夜白。丹青自入杜陵诗，至今尚忆昭陵石。此图画善洵有神，房星入夜应无色。供君清玩供君豪，落絚千群皆辟易。良工良骥岂偶然，掩卷风生厩中枥。奉宸苑卿郎世宁为紫琼叔画八骏图，谨题请正，经畬主人书。

下钤“公馀染翰”印，诗前为“果亲王宝”印一。画面上方书写“神品”二字，并钤有收藏印章一，印文为“慎邸收藏”。

“经畬主人”即雍正帝第六子弘瞻。果亲王允礼无嗣，于乾隆三年（1783年）由弘瞻袭替爵位。而文中所提到的“紫琼叔”，即是弘瞻的长辈允禧（字谦斋，号紫琼道人）。允禧能画山水，画风疏淡，于雍正十三年（1735年）被封为慎郡王，长弘瞻一辈，故弘瞻以叔相称。既然这幅作品是在宫廷之外特地为慎郡王而画，署款中肯定不能冠以臣字。

再举一例。《马图》册（上海博物馆藏），图共六页，绢本设色画，每页纵33.5厘米、横47.3厘米。每幅图上画骏马一匹或两匹，画面均有些残破缺损，其中一页上留有署款：“郎世宁绘图”、印章“郎世宁印”，还残留有“□□补景”数字，并钤有收藏印章：“果亲王宝”一方。这六幅画上，除去郎世宁的署款及“□□补景”数字外，未见有其他文字。其中一页上有残印一方“□□染翰”。这套册页无疑是郎世宁为果亲王画的，画中骏马可能是王府内饲养的名驹，甚至可能是果亲王特邀请郎世宁来写生的。至于究竟哪一个“果亲王”，是允礼还是弘瞻，那方残印提供了线索。在江西省博物馆收藏的《八骏图》横幅上，也见到过一方“公馀染翰”印，钤于经畬主人弘瞻所写的诗后，两图是同一方印章。那么，这位果亲王应为弘瞻。

至于允礼，郎世宁也为其绘制过一幅骑马肖像。《果亲王允礼像》册（故宫博物院藏），绢本设色画，画幅的左边沿落款：“郎世宁谨绘”五字，下钤印章两方：“臣郎世宁”、“恭绘”。图册上允礼自题：“我行西南驰驱万里，蜀道即平筰马孔驶，圣德广覃天威尺咫，靡及有怀瞻望无己。雍正乙卯六月果亲王自题。”“雍正乙卯”为雍正十三年(1735年)。允礼为雍正元年封果郡王,雍正六年晋封为亲王。《清史稿》中载其于雍正十二年“赴泰宁送达赖喇嘛还西藏，循途巡阅诸省驻防及绿营兵”。允礼的自题就是指的这件事。这件作品是郎世宁专门为果亲王允礼所作的肖像，落款当然也不能署“臣”字。

无论允礼、允禧还是弘瞻，均非一般的宗室，而是有着很高爵位的贵戚，都有接近和结识郎世宁的机会。不过，即便是地位显赫的贵族，郎世宁在为他们作画时，署款时是绝对不能随随便便加个“臣”字的，不然就有篡夺皇位、谋反的嫌疑，画家和受画者都是逃不过的。

另外，《八骏图》（故宫博物院藏）和《柳荫双骏图》横幅（镇江市博物馆藏），画面上署款也无“臣”字。虽然除去作者款字外没有其他文字，也无收藏印章，无法知道受画者具体是谁，但是从前面的分析来看，不外乎是地位显赫的贵族。而且从绘画风格来看大部分应是雍正时期的作品。

值得一提的是，笔者所见之郎世宁非“臣字款”画，几乎全都是画的骏马，一方面，这正是郎世宁的拿手活；另一方面，这个题材应当是应受画者点题。这里面，除去满族人从马背上夺得天下，进而对马匹有着特殊的钟爱之外，是否这些天潢贵胄都自视颇高，以“千里马”自况呢?

图书在版编目（CIP）数据

神龙别种 ：中国马的美学传统 /《紫禁城》杂志编辑部编.-- 北京 ：故宫出版社，2014.12

（雅致坊）

ISBN 978-7-5134-0674-1

Ⅰ. ①神… Ⅱ. ①紫… Ⅲ. 马－文化－中国－古代 Ⅳ. ①S821

中国版本图书馆CIP数据核字(2014)第241081号

神龙别种

中国马的美学传统

出 版 人：王亚民

编　　者：《紫禁城》杂志编辑部

责任编辑：刘　茵　刘　晴

装帧设计：李　猛

出版发行：故宫出版社

地址：北京市东城区景山前街4号　邮编：100009

电话：010-85007808　010-85007816　传真：010-65129479

网址：www.culturefc.cn　邮箱：ggcb@culturefc.cn

制版印刷：北京雅昌艺术印刷有限公司

开　　本：889×1194毫米　1/32

印　　张：5

版　　次：2014年12月第1版

2014年12月第1次印刷

印　　数：1～5000册

书　　号：ISBN 978-7-5134-0674-1

定　　价：40.00元